Kramer • Naturwissenschaft in der Grundschule

Dank
Wie der Unterricht basiert dieses Buch auf Begegnungen. Viele Menschen haben zum Gelingen beigetragen. Vor allem möchte ich mich bei den Kindern bedanken: für den Glanz in ihren Augen beim Experimentieren und Forschen, ihre Fragen und ihr Einverständnis für den Abdruck der Bilder im Buch. Ohne Bilder wäre eine so konkrete Darstellung nicht möglich. Freunde, Lehrer, Kursteilnehmer und Pädagogen haben durch viele Diskussionen mein Schreiben bereichert.

Ohne Bilder geht es nicht: Vielen Dank an die vielen Eltern und Schüler der Französischen Schule und der Dorfackerschule in Tübingen, die dem Verlag die Druckgenehmigung für die Bilder im Buch gegeben haben. Besonderen Dank an Eva Schulz, die die ersten drei Jahre die Klassenlehrerin meines Sohnes war, worüber ich sehr froh bin. Ebenfalls danke ich Jürgen Hauser und Patricia Morrissey für ihre Unterstützung beim Experimentieren in und außerhalb des Klassenzimmers. Der Französischen Schule wünsche ich alles Gute beim Aufbau der Sekundarstufe.

Martin Kramer

Naturwissenschaft in der Grundschule

Von der Wahrnehmung zum Experiment
Das Denk-, Staun- und Experimentierbuch

Für Jim Tarem Krischan Kramer

Martin Kramer, geb. 1973 in Esslingen am Neckar, Dozent für handlungs- und erlebnisorientierte Didaktik, Theaterpädagoge (Bundesverband Theaterpädagogik), Theaterlehrer am Regierungspräsidium Tübingen, Lehrer für Mathematik und Physik am Uhland-Gymnasium in Tübingen. Der Name seiner Website ist Programm: www.unterricht-als-abenteuer.de.

Das Werk und seine Teile sind urheberrechtlich geschützt.
Jede Nutzung in anderen als den gesetzlich zugelassenen Fällen
bedarf der vorherigen schriftlichen Einwilligung des Verlages.
Hinweis zu § 52a UrhG: Weder das Werk noch seine Teile dürfen
ohne eine solche Einwilligung eingescannt und in ein Netzwerk
eingestellt werden. Dies gilt auch für Intranets von Schulen
und sonstigen Bildungseinrichtungen.

Lektorat: Michael Kühlen

© 2012 Beltz Verlag · Weinheim und Basel

www.beltz.de
Herstellung: Uta Euler
Layout: Angela May Grafikdesign & Buchgestaltung, Mettmann
Druck und Bindung: Beltz Druckpartner GmbH & Co. KG, Hemsbach
Umschlaggestaltung: Sarah Veith
Umschlagabbildung: Martin Kramer, Tübingen
Printed in Germany

ISBN 978-3-407-62804-6

Inhaltsverzeichnis

Vorwort 7
Die fünf Sinne – Pforten der Wahrnehmung 9
    Zwei Nasenspitzen? 10
    Welcher Finger wird angezeigt? 11
    Fliegen 14
    In die Erde greifen 15
    Wie feinfühlig ist unsere Haut? 16
    Räumliches Sehen 19
    Ein Auge ist zu wenig 20
    Richtungshören 22
    Nachempfinden von Behinderungen: Taubheit und Blindheit 24
    Sich in Beherrschung üben – in der Rolle bleiben 25
Gruppenwahrnehmung und Teamfähigkeit 30
    Raumwahrnehmung 31
    Veränderungen an Personen 34
    Gehen und Stehen 37
    Tische rücken 41
    Einen Bambusstab ablegen 42
    Ein fliegender Teppich 44
    Die Vorteile der Gruppe nutzen 46
Geheime Botschaften 50
    Verstecken von Nachrichten 50
    Botschaften verschlüsseln wie die alten Griechen 55
    Winkel- und Kästchencode 57
    Morsecode – Weiterleitung von Information 57
    Asymmetrische Verfahren 58
Der Traum vom Fliegen 60
    Geschichten erzählen – ein fliegender Teebeutel 61
    Ein großer Heißluftballon 65
    Ein Heißluftballon mit echtem Feuer 70
    Das Trinkflaschen-Thermometer 74

Eine Turbine	77
Ein Kompass für einen halben Cent – Orientierung auf der Ballonfahrt	80
Luft ist etwas	82
Schwerer als Luft	83
Papierflieger falten und kontrollieren	86
Hubschrauber	90
Raketenpost	91
Die Streichholzrakete	94
Brücken, Druckwasserleitungen und Kettenreaktionen	**99**
Brücke von Leonardo	99
Grenzen des Materials: Brücke aus Erbsen und Zahnstochern	103
Trinkwasserversorgung	106
Kettenreaktion	110
Literatur	**119**

Vorwort

> »Wirklich wichtig ist nicht das Wissen,
> sind nicht einmal die Entdeckungen:
> Wichtig ist das Forschen.«
> *Célestin Freinet, 1896–1966*

Ich habe bisher fast kein Kind erlebt, das nicht gern experimentiert. Der junge Geist möchte begreifen, erforschen und ausprobieren. Nicht weil man ihn dazu drängt, sondern weil er neugierig ist, weil es für ihn natürlich, ja selbstverständlich ist. Das weiß die Reformpädagogik, das weiß auch die moderne Neurodidaktik.

Das Gehirn ist für Problemlösen und Forschen optimiert, nicht für das Befolgen des Lehrplans. Der Leser dieses Buches muss sich nicht an eine bestimmte Reihenfolge halten, der Schüler darf und soll vom Thema abweichen dürfen und neue Fragestellungen entwickeln können. Im Vordergrund stehen das eigenständige Forschen, das Erleben von sich selbst, seinem Gegenüber und der Natur.

Alle Übungen sind im Sinne Wagenscheins exemplarisch zu verstehen. Deswegen heißt das Buch »Naturwissenschaft in der Grundschule«, obwohl Biologie und Chemie nicht ausdrücklkch vorkommen. Das Buch kann nicht vollständig sein, vielmehr soll es Möglichkeitsräume und Gangarten aufzeigen, wie auf spielerische Art und Weise Naturwissenschaft in der Grundschule zum Abenteuer gemacht werden kann. Die spielerische, Geschichten erzählende Herangehensweise – das Abenteuer – ist weit mehr als eine »nette« Technik, die den Kindern gefällt. Es ist die effektivste Form des Lernens: Es geschieht »zwecklos«, so Ulrich Herrmann, ist aber nichts weniger als die intensivste intrinsisch motivierte Lerntätigkeit.

Naturwissenschaft wird dort zum Abenteuer, wo es Raum zum Forschen und für Fragen gibt. Dementsprechend kann das Buch überall aufgeschlagen werden – auch wenn die einzelnen Kapitel im Sinne einer ganzheitlichen Didaktik aufgebaut sind: Jede Naturwissenschaft beginnt mit Wahrnehmung, daher beginnt dieses Buch mit der eigenen Wahrnehmung, der Erforschung unserer fünf Sinne. Im zweiten Kapitel wird der Wahrnehmungsradius auf den Raum und die Gruppe erweitert. Das Kapitel über geheime Botschaften geht vom kindlichen Spiel aus, etwas zu verstecken und Geheimnisse auszutauschen, um schließlich verschiedene Verschlüsselungsmethoden zu

Weiterführende Literatur
Herrmann, Ulrich: Neurodidaktik. Beltz: Weinheim, 2. Auflage 2009.

ergründen. Im vierten Kapitel wird der Traum vom Fliegen real. Das letzte Kapitel besteht aus voneinander unabhängigen teamorientierten Übungen.

Naturwissenschaft ist Teil der kulturellen Bildung. Die Geschichte der Naturwissenschaft ist immer auch die Geschichte der Menschheit. Ich hoffe, dass der Schüler in den einzelnen Übungen fühlt und erlebt, dass naturwissenschaftliches Denken und Forschen konkret etwas mit ihm und seiner Kultur zu tun haben. Bei allen Experimenten steht das Kind im Mittelpunkt, sein Forschen wird zum Spiel, zum Abenteuer.

Die fünf Sinne – Pforten der Wahrnehmung

Jede Wissenschaft beginnt mit Wahrnehmung. Fünf Sinne haben wir, um unsere Umwelt zu erleben und zu begreifen: unsere Pforten der Wahrnehmung.

Die Welt ist nicht so, wie wir glauben, dass sie ist. Vielmehr passt die Vorstellung, dass wir in einer »Box« mit fünf Eingängen leben: Wir können Dinge sehen, hören, tasten, schmecken und riechen. Aus den so gewonnenen Informationen basteln wir uns ein Bild von der Wirklichkeit.

Im Kino erleben wir über die Kanäle »Hören« und »Sehen« die Illusion einer Wirklichkeit. Wenn wir mit Schnupfen (Geruchssinn), einer Klappe über einem Auge (räumliches Sehen) und ohne etwas anzufassen (Tastsinn) oder in den Mund zu nehmen (Geschmackssinn) durch die Welt gehen, ähnelt dieses Erlebnis einer Filmvorführung.

Angenommen, es gäbe das perfekte Kino, ein Kino, das alle fünf Sinne ausreichend befriedigt. Dann könnte es sein, dass Sie bereits in diesem Kino sitzen. Der Film läuft in diesem Augenblick und zeigt Ihnen diese Buchseite … Es gäbe keine Möglichkeit, aus der Illusion herauszufinden. Oder doch?

Wenn wir uns mit den Sinnen und Sinnestäuschungen beschäftigen, finden wir wie von selbst zu philosophischen Fragen. Um es mit einem Buchtitel von Paul Watzlawick auszudrücken: »Wie wirklich ist die Wirklichkeit?« Das Forschen über die Sinne ist immer auch ein Forschen über sich selbst und über die eigene Wirklichkeitsauffassung. Unser großes Interesse an Sinnestäuschungen ist daher nur natürlich.

Im Folgenden sind verschiedene Sinnestäuschungen dargestellt, die im Unterricht ohne großen Aufwand umzusetzen sind. Es geht darum, die eigenen Sinne zu schärfen und auch ihre Grenzen zu erkennen.

Zwei Nasenspitzen?

Der Mittelfinger einer Hand wird über den Zeigefinger gelegt, sodass die Fingerkuppen nahe aneinanderliegen. Damit wird die Nasenspitze abgetastet.

Das Gehirn kann die Überkreuzung der Finger nicht richtig auswerten: Man spürt zwei Nasenspitzen, die einen Abstand von etwa einem Zentimeter besitzen. Diejenigen, bei denen die Übung nicht klappen will, können sich zuerst eine Tischecke vornehmen und diese ertasten. Bei fremden Gegenständen ist es etwas leichter als an der eigenen Nase.

Welcher Finger wird angezeigt?

Eine Partnerübung: Einer von beiden faltet zuerst seine Hände auf ungewöhnliche Weise. Dann soll der Finger bewegt werden, der vom anderen Spieler ohne Berührung angezeigt wird. Fast immer erwischen wir den falschen Finger. Das Gehirn verarbeitet die »komplizierte« Faltung falsch.

Die »komplizierte« oder ungewöhnliche Faltung Schritt für Schritt.
Zu Beginn zeigen beide Hände zueinander:

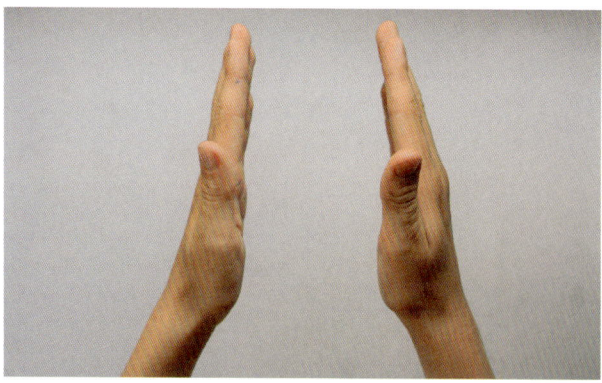

Dann werden die Unterarme gekreuzt,

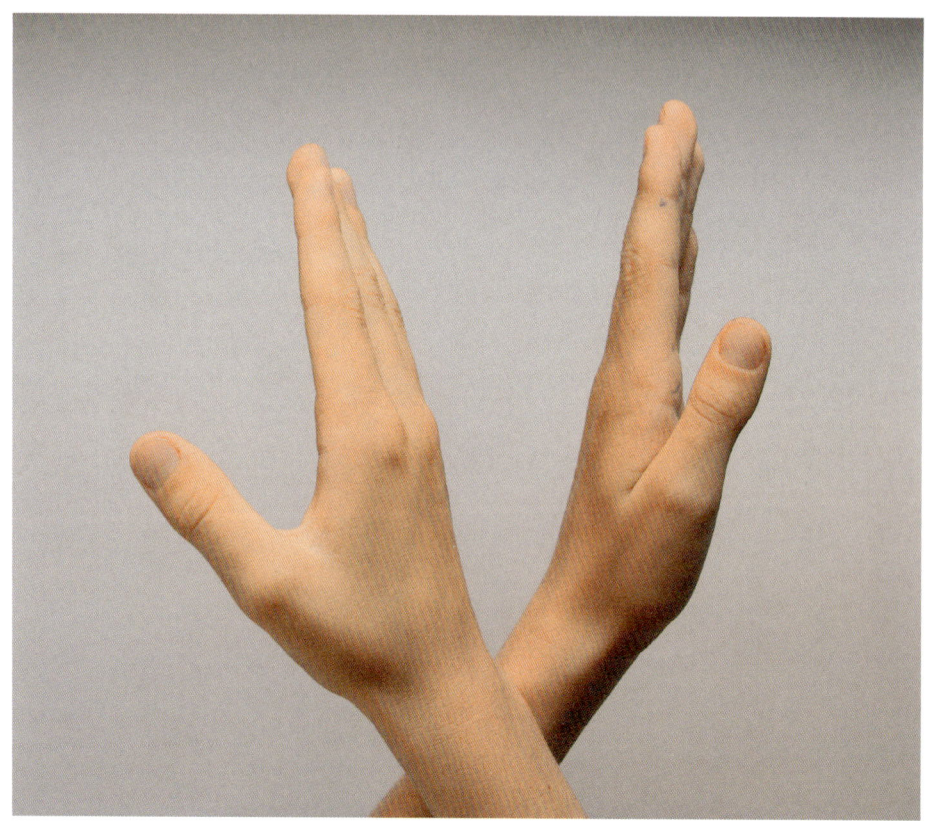

die Hände jeweils nach außen gedreht

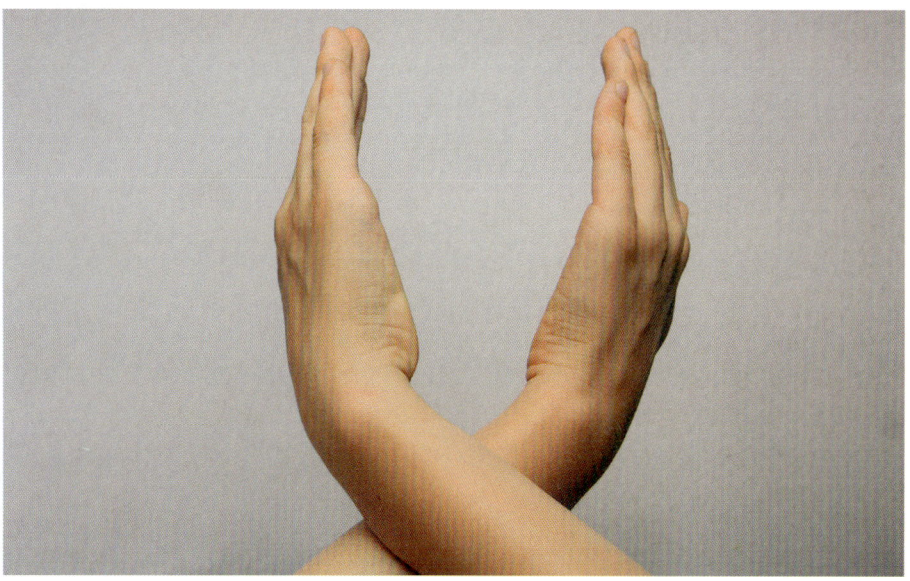

und verschränkt.

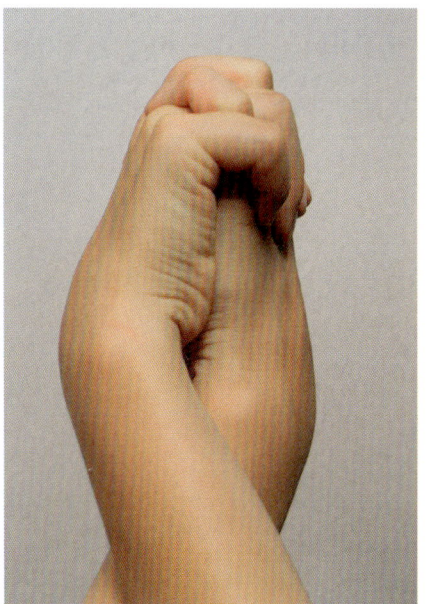

Das Ganze wird von unten her zur Brust eingedreht. (Das ist die einzig mögliche Richtung.) Die Daumen zeigen jetzt vom Oberkörper weg:

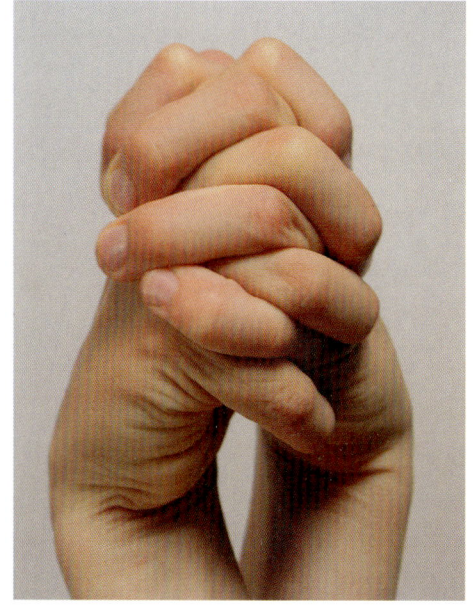

Fertig verknotet. Wenn Sie mit dem Verknoten fertig sind, können Sie die Täuschung testen.

Welcher Finger wird angezeigt?

Fliegen

Machen Sie die Übung doch zunächst einmal für sich bei Ihnen zu Hause. Stellen Sie sich in einen Türrahmen, lassen Sie die Arme hängen, drehen Sie sie nach außen und drücken Sie sie dann mit geschlossenen Augen mit aller Kraft gegen den Türrahmen. Wenn Sie die Arme plötzlich entspannen, beginnen diese wie von selbst, nach oben zu wandern.

Im Klassenzimmer kann die Übung zu zweit, ohne Türrahmen, durchgeführt werden. Dabei blockiert ein Schüler die Arme des Partners am Handgelenk. Die Handgelenke sollen nur blockiert, jedoch nicht festgehalten werden. Handgelenke und Arme sollten dabei etwas Abstand vom Rumpf haben. Auch hier wird mit geschlossenen Augen eine Minute gegen die Blockade gedrückt. Schließlich zählt der Halter »Drei, zwei, eins, null« und lässt los. Wenn die Übung glückt, schweben die Arme wie von selbst nach oben.

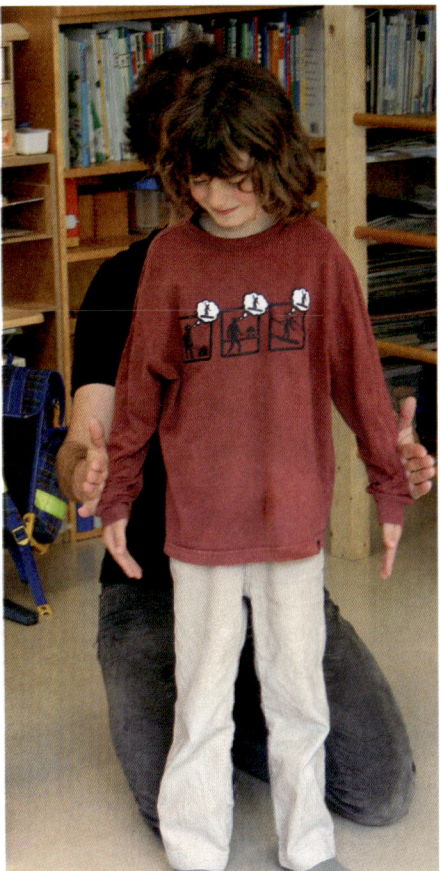

In die Erde greifen

Eine wunderbare Partnerübung: Ein Schüler legt sich auf den Bauch, schließt die Augen und legt seine Hände nach vorne. Der Partner zieht die Arme an den Handgelenken nach oben und dehnt so den Körper. Die Dehnung soll deutlich sein, aber nicht schmerzen. Wichtig ist, dass der ganze Körper wie ein Sack daliegt. Auch der Kopf baumelt einfach nach unten. Es ist wichtig, dass die Schüler sehr vorsichtig miteinander umgehen und während der Dehnung stets rückfragen, ob es stärker oder schwächer sein soll. Jeder Körper ist anders.

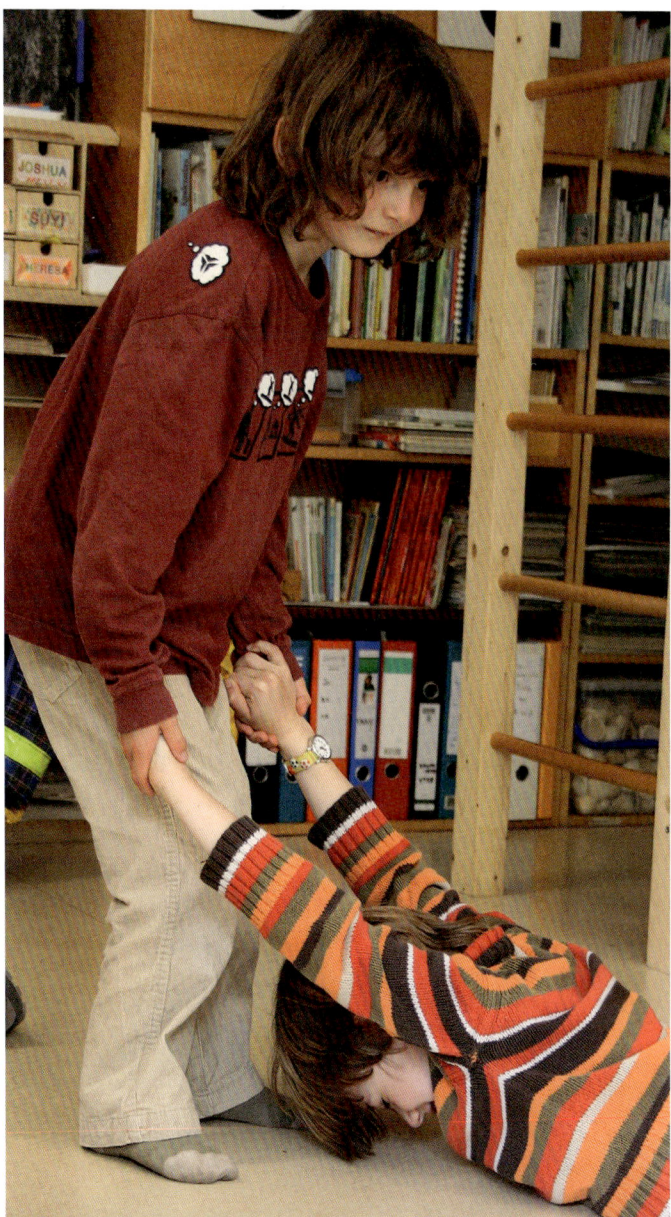

Nach einer Minute werden die Hände ganz langsam vom Partner auf den Boden gelassen. Wenn der Blinde meint, dass nur noch ein Fingerbreit Abstand zum Boden sei, soll er »Stopp!« rufen. Meist ruft der Blinde schon »Stopp!«, wenn die Fingerspitzen noch 10 bis 15 Zentimeter vom Boden entfernt sind. Werden die Hände jetzt weiter abgelassen, entsteht ein Gefühl, als ob man in die Erde griffe.

Die Übung ist in doppelter Hinsicht eine Wahrnehmungsübung. Einerseits geht es um den »Griff in die Erde«, auf der anderen Seite geht es um Einfühlen und Verantwortung. Im Gegensatz zur vorherigen Übung kann man sich hier durch plötzliches Ziehen oder Zerren Schmerzen zufügen. Voraussetzung ist also ein gegenseitiges Vertrauen. Aus diesem Grund ist die Übung intensiver. Am besten sucht sich jeder selbst seinen Partner aus. Für alle Vertrauensspiele gilt: Wird das gegebene Vertrauen enttäuscht, wird auch das vom Gehirn gelernt. Aus diesem Grund sollte das Thema »Sich gegenseitig vertrauen« vor der Übung angesprochen werden.

Wie feinfühlig ist unsere Haut?

Material
- Zahnstocher

Drückt man mit zwei Zahnstochern im Abstand von zwei oder drei Zentimetern auf den Rücken, nimmt man nur einen Pikser war. Wiederholt man das Experiment auf dem Handrücken, spürt man deutlich zwei.

In der Übung untersuchen sich die Schüler gegenseitig. Was ist der minimale Abstand an einem bestimmten Körperteil, um zwei Druckpunkte gerade noch getrennt wahrnehmen zu können? Kurz: Welche Stellen unseres Körpers haben die höchste (bzw. die schlechteste) »Auflösung«?

Umsetzung

Ein Freiwilliger legt sich mit dem Bauch auf den Tisch und schließt die Augen. Zuerst wird der richtige Druck mit dem Zahnstocher ermittelt: Der Pikser soll deutlich spürbar sein, aber nicht wehtun. Am besten pikst man zuerst sich selbst. Findet unser Freiwilliger den Druck in Ordnung, beginnt die Untersuchung. Er soll nach jedem Experiment sagen, ob er einen oder zwei Einstiche gespürt hat. Ab und an sollte also nur einmal gestochen werden, damit unser Freiwilliger nicht von vornehrein weiß, ob es ein oder zwei Pikser sind. Auf dem Rücken beträgt der Abstand, bei dem zwei Pikser wahrgenommen werden, einige Zentimeter, an den Fingerkuppen ist es weniger als ein Millimeter.

Wichtig ist, dass beide Pikser gleichzeitig erfolgen. Schon bei einem kleinen zeitlichen Abstand lässt sich die Anzahl der Einstiche zuverlässig angeben. Am besten nimmt man beide Zahnstocher so zwischen die Finger, dass sie beim Auftreffen ein bis zwei Zentimeter durchrutschen können.

Auch diese Übung setzt Vertrauen voraus. Der Freiwillige hat diesmal sogar die Augen geschlossen, er kann sich gar nicht wehren. Wenn diese Situation von einem Mitschüler ausgenutzt wird und ihm Schmerzen zugefügt werden, wird Misstrauen gelernt. Das kann man nicht deutlich genug erläutern, die Schüler verstehen das auch gut. Es will ja keiner, dass ihm wehgetan wird. Wer es nicht schafft, mit seinem Nächsten behutsam umzugehen, soll nur zuschauen.

Intimstellen (dort, wo die Unterhose ist) werden ausgelassen. Je weniger Kleidung man trägt, desto besser spürt man die Spitzen der Zahnstocher. Ein T-Shirt ist gut, ein dünner Pullover geht auch. An Kopf und Händen kann man sogar direkt die Haut abtasten.

Eine sehr hohe Auflösung findet man an den Fingerspitzen. Auch die Lippen haben eine sehr gute Auflösung. Die Zunge hat die höchste Auflösung. Wenn sich jemand für diesen Test entscheidet, werden danach die Zahnstocher gewechselt.

Während der Übung herrscht eine sehr konzentrierte Arbeitsatmosphäre. Schließlich werden das Empfinden und Wahrnehmen des eigenen Körpers erforscht.

Räumliches Sehen

Um etwas räumlich wahrnehmen zu können, benötigen **wir zwei Ansichten**. **Mit einem Auge kann man keine Tiefe wahrnehmen, nur Flächen** (siehe auch die nächste Übung).

Diese Tatsache lässt sich auf andere Bereiche übertragen: Um eine klare Vorstellung über ein Thema zu erhalten, reicht eine Ansicht nicht aus. Wenn wir ein **zweites Buch** zu einem bestimmten Thema lesen und merken, dass es um dasselbe geht und nur andere Aspekte beleuchtet werden, verstehen wir das Thema in einer anderen, **tieferen Dimension**, gewissermaßen räumlich.

Umsetzung

Die Kinder gehen paarweise zusammen. Einer von beiden hält sich ein Auge zu, der andere streckt einen Finger nach oben. Nun versucht der »Einäugige«, von oben die Fingerspitze des anderen zu treffen. In der Regel wird der Finger vorbeigehen.

Man kann bei der Übung schummeln: Wenn man als Einäugiger den eigenen Finger zwischen Auge und Zielfinger schiebt, sieht man aufgrund der eventuellen Verdeckung, ob man sich vor oder hinter dem Ziel befindet. Wenn der eine Finger den anderen verdeckt, dann wissen wir ja, welcher von beiden vorne und welcher hinten ist.

Auch ohne Schummeln kann man die Treffsicherheit erhöhen: durch Erfahrung. So wissen wir, dass ein weit entfernter Finger kleiner erscheint als ein naher, obwohl beide gleich groß sind. Je weiter ein Gegenstand entfernt ist, desto kleiner sehen wir ihn. So können wir uns mit einem Auge doch eine Vorstellung von der Entfernung eines Gegenstandes machen, wenn wir seine reale Größe kennen.

Ein Auge ist zu wenig

Material
- eine Neutralmaske

Die vorige Übung hat auf einfache Weise gezeigt, dass man mit einem Auge nicht räumlich sehen kann. Noch sind aber nicht alle Konsequenzen deutlich geworden. Wenn wir nicht mehr »vorne« von »hinten« unterscheiden können, erscheint uns ein Körper aus einiger Entfernung wie ein entsprechender umgestülpter Hohlkörper.

Als Erstes betrachten wir eine Neutralmaske. Solche Masken werden häufig zum Bemalen verwendet. Man bekommt sie für wenige Euro in Spielzeugläden.

Sie sehen eine Maske von außen? Nun, was Sie hier sehen, ist nicht das, was Sie zu sehen glauben. Natürlich sehen Sie die Maske, aber Sie sehen diese von innen. Sie haben das gesehen, was Sie sehen *wollten*. Ich habe mit diesem Buch keine Möglichkeit, Ihnen die Maske räumlich zu zeigen, daher versuche ich es auf der gegenüberliegenden Seite mit einer Bildsequenz, die einem Film entspricht.

Eine Kamera »sieht« genauso wie ein Einäugiger. Fotos können Sie deswegen nicht räumlich wahrnehmen. Für dieses Buch genügt Ihnen also ein Auge.

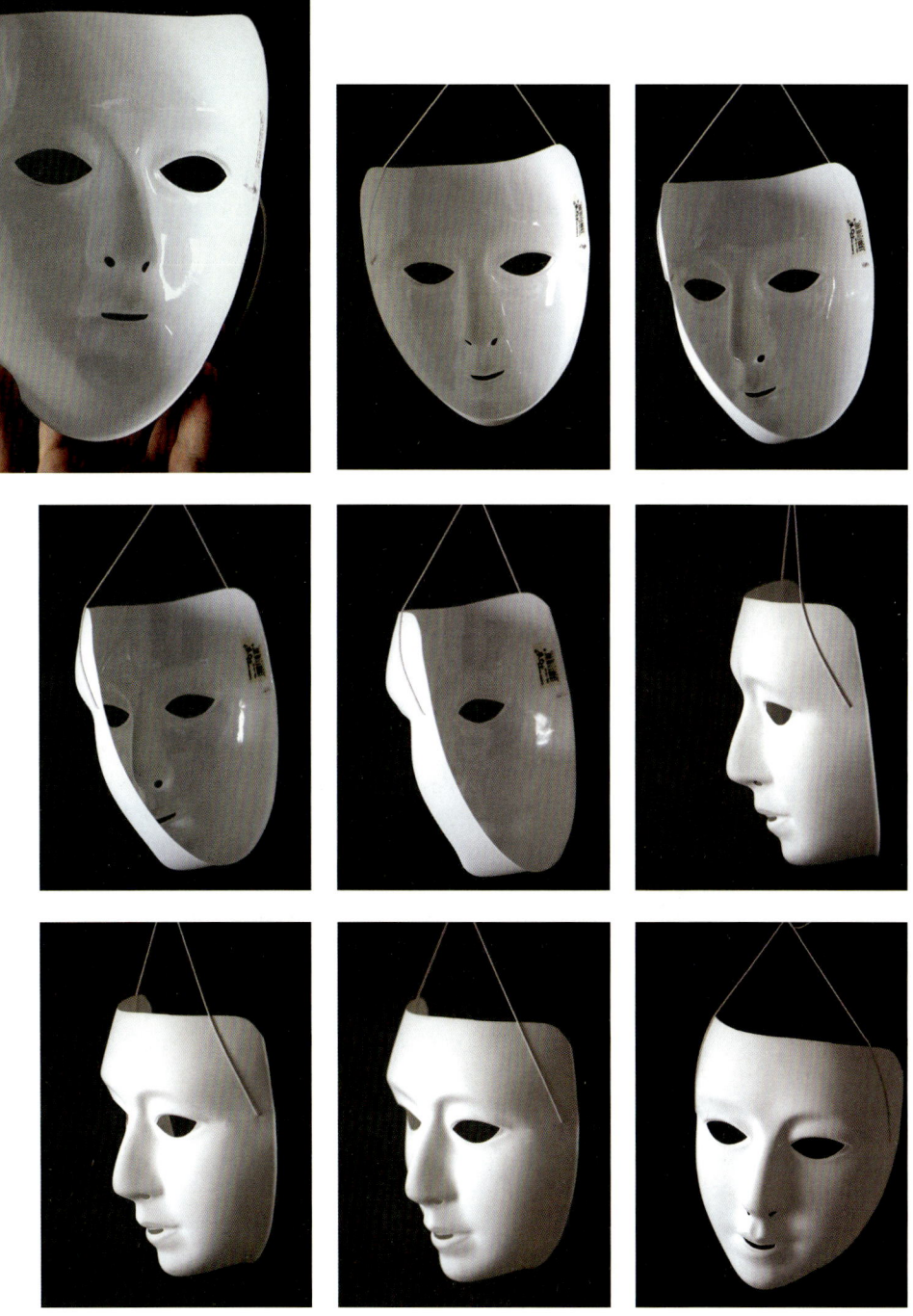

Ein Auge ist zu wenig

Richtungshören

Wir hören ein Geräusch – und können recht genau die Richtung angeben, aus der es **gekommen ist.** Das können wir im Experiment überprüfen: Alle Schüler schließen die **Augen.** Der Lehrer wechselt heimlich seinen Standort und klatscht in die Hände. **Dabei lässt** er nach dem Klatschen seine Hände an Ort und Stelle, damit die **Schallquelle** später für jeden ersichtlich ist. Die Schüler versuchen nun, exakt auf die **Hände des Lehrers** zu zeigen. Die Genauigkeit ist enorm: Die Finger weichen in der **Regel** um nicht mehr als einen Winkel von fünf Grad ab.

Jetzt halten sich alle Schüler ein Ohr zu und versuchen erneut, auf die Schallquelle zu zeigen. Die Abweichungen sind jetzt erheblich größer; einige Kinder zeigen jetzt in eine völlig falsche Richtung.

Tipps für die Umsetzung

Es ist für den Lehrer fast nicht möglich, unbemerkt seinen Standort zu wechseln. Bei der Übung herrscht eine hohe Konzentration, jeder will den Klatscher möglichst gut hören, deswegen ist es sehr still im Klassenraum. Also muss man ein künstliches Geräusch einbauen, das die Konzentration nicht zerstört. Die Schüler können beispielsweise für etwa zehn Sekunden leise summen. Summen ist ein schönes

Geräusch und hilft dem Lehrer, sich unbemerkt einen neuen Standort zu suchen. Und es ist eine hübsche kleine gruppendynamische Übung: Die Schüler müssen von selbst mit Summen aufhören, der Lehrer kann dafür kein Signal geben – sonst würde er ja seine Position verraten.

Wählen Sie einen Standort, der nicht unbedingt erwartet wird. So können Sie zum Beispiel auf einen Stuhl steigen oder auf ganz auf den Boden gehen, damit das Klatschen nicht immer aus der gleichen Höhe kommt.

Erklärung

Wenn Sie Ihre Hand nach rechts strecken und mit den Fingern schnipsen, erreicht der Schall Ihr rechtes Ohr früher als Ihr linkes, weil der Weg kürzer ist. Dieser minimale Zeitunterschied ermöglicht räumliches Hören. Wenn wir nur ein Ohr hätten, könnten wir einen Stereoklang nicht von einer Aufnahme in Mono unterscheiden.

Aber halt! Wenn wir direkt vor unserer Nase oder unserer Brust mit dem Finger schnipsen, dann kommt der Schall doch bei beiden Ohren gleichzeitig an! Wir könnten in diesem Fall gar nicht unterscheiden, ob das Schnipsen von oben oder von weiter unten gekommen ist.

Der Einwand ist richtig. Wir können aus diesem Grund viel genauer entlang der Achse links–rechts als entlang der Achse oben–unten orten. Die Natur hat das Problem durch die Form unserer Ohren einigermaßen gelöst: Ein Geräusch von vorne klingt anders, als wenn es von hinten kommt. Wir sind (als Ex-Jäger) nach vorn ausgerichtet: Von vorn kommt der Ton klarer, von hinten gedämpfter. Ebenso klingt »unten« anders als »oben«. Probieren Sie es aus.

Nachempfinden von Behinderungen: Taubheit und Blindheit

Material
- Ohrenstöpsel aus Schaumstoff (einer pro Schüler)
- ein Tuch

Eine Erweiterung zur letzten Übung: Wir »versiegeln« eines unserer Ohren mit einem Ohrenstöpsel aus Schaumstoff.

Die Kinder kennen Ohrenstöpsel meist nicht, man muss ihnen den Umgang entsprechend der Anleitung erklären: Es geht nicht darum, den Schaumstoff so tief wie möglich ins Ohr zu pressen, das tut irgendwann weh. Stattdessen rollt man den Ohrenstöpsel der Länge nach zwischen zwei (sauberen!) Fingern und steckt ihn sich dann ins Ohr. Der Ohrenstöpsel dehnt sich wieder aus und verschließt so den Gehörgang. Als Ergebnis hören wir jetzt auf einem Ohr sehr schlecht. Nun gehen wir kreuz und quer durch den Raum, fragen uns gegenseitig Kleinigkeiten und nehmen dabei wahr, wie sich die Einohrigkeit anfühlt. Mitunter ist es für die Kinder schwer (auch für Erwachsene) »einfach so« über »irgendetwas« zu reden. Einfacher ist es, wenn eine Aufgabe existiert, z. B. kann man sich gegenseitig das kleine Einmaleins, die Anzahl der Silben in Wörtern oder irgendetwas aus dem Unterricht abfragen.

Man kann bei dieser Übung gut nachempfinden, wie sich ein anderer fühlt, wenn er schlecht versteht. Plötzlich wird nachvollziehbar, dass sich Opa umsetzt, weil er auf der anderen Seite besser hört.

Die Übung lässt sich noch stärker gestalten: Für eine halbe oder ganze Unterrichtsstunde darf sich ein Freiwilliger beide Ohren mit Ohrenstöpseln bestücken. Wir haben also einen Tauben in der Klasse. Die Behinderung ist natürlich nur künstlich, und der Betreffende weiß, dass er das Experiment jederzeit abbrechen kann, trotzdem ist die Simulation der Behinderung recht authentisch. Es lässt sich einiges an Emotionen nachempfinden. In jedem Fall sollten die Kinder sich zu ihrem Erlebten äußern dürfen.

Die Übung kann als Blindenexperiment wiederholt werden: Ein Schüler in der Klasse bekommt beide Augen mit einem Tuch verbunden. Die Wirkung ist jedoch eine andere: Taubheit trennt uns von den Menschen, Blindheit von den Dingen.

Die Taubheits- und Blindenexperimente sind Wahrnehmungsübungen in zweierlei Hinsicht: Einerseits erfahren wir an uns selbst, wie es sich anfühlt, nicht mehr zu sehen oder zu hören. Wir schätzen unsere Sinne nach diesen Übungen mehr. Auf der anderen Seite zeigen sie, wie sich die soziale Umgebung aufgrund einer Behinderung verändert. Es macht uns einfühlsamer, wir verstehen Behinderte auf eine andere Art und Weise. So ist nicht jedem klar, dass das Schlimmste am Nichthören häufig in der sozialen Ausgrenzung und nicht zwangsläufig im Hörverlust liegt: Hört man schlecht, gilt man als dumm, weil man nachfragen muss; ist man taub, nimmt man keinen Anteil mehr.

Sich in Beherrschung üben – in der Rolle bleiben

Alle Kinder »sterben« und liegen »tot« auf dem Boden. Es soll so still im Raum werden, dass jeder das Gefühl hat, allein da zu sein. Die Augen sind geöffnet, dass Gesicht ist nicht unter einem Haarwuschel verborgen.

Nun kommt ein Engel vorbei, sieht, was geschehen ist, und versucht, die »Toten« zum Lachen zu bringen. Wer sich bewegt oder lacht, ist wieder lebendig und wird selbst zum Engel, der die anderen erweckt.

Es gelten folgende Regeln: Die Engel dürfen die »Toten« nicht berühren, auch nicht anpusten. Wichtig: Es darf in keinem Fall ins Ohr geschrien werden! Das ist sehr gefährlich für das Gehör.

Umsetzung

Wenn alle »gestorben« sind und es so leise ist, dass keiner mehr den anderen hört, zählt der Lehrer von zehn abwärts und wird bei null zum Engel. In der entstehenden Stille kann man sehr gut nochmals auf die Regeln hinweisen: Als Engel nicht ins Ohr brüllen und die »Toten« nicht berühren/nicht anpusten; die »Toten« dürfen sich nicht bewegen und nicht lachen.

Wenn man die Übung zum ersten Mal macht, ist es sehr leicht, die Kinder zum Lachen zu bringen. Es reichen meist schon Sätze wie: »Schlaft ihr schon alle? Es ist doch noch gar nicht so spät!« Oder: »Was sagen denn eure Eltern dazu, wenn ihr so auf dem Boden herumliegt?« In härteren Fällen kann man auch ein Lied anstimmen:

»La–le–lu,
nur der Mann im Mond schaut zu,
wenn die kleinen Babys schlafen,
drum schlaf jetzt *ein*.«

Das Hübsche an diesem Spiel ist, dass man nicht ausscheidet, wenn man aufgeweckt wurde: Der Erweckte wechselt nach seiner Rettung die Rolle vom »Toten« zum Engel. Zum Schluss gibt es nur noch wenige, die in ihrer Rolle geblieben sind. Aus einzelnen Engeln sind himmlische Heerscharen geworden.

Alternativen und Erweiterungen

Nach einem ersten Durchgang kann man den Schülern Tipps geben, wie man leichter in der Rolle bleibt. Wenn man zum Beispiel auf den eigenen Atem achtet, kann man versuchen, das aufkeimende Kichern wegzuatmen. Bewusstes Ausatmen hilft. Eine zweite Möglichkeit ist mentaler Natur: Man versucht, Mitleid mit dem Engel zu haben. Er verhält sich ja äußerst komisch!

Auf der anderen Seite kann man auch Tipps geben, wie man die »Toten« leichter zum Lachen bringen kann. So ist es meist von Vorteil, bei einer – breit ausgeschmückten – Geschichte zu bleiben. Wenn der Engel ernst bleibt, stehen die Chancen recht gut, den »Toten« zu erwecken. Wenn der Engel versucht, komisch oder lustig zu sein, ist es viel schwieriger.

Die einfachste Rolle ist die eines Toten. Eine gute Erweiterung besteht in der Vorgabe einer bestimmten Situation, z. B. »Warten auf dem Bahnhof«. Jeder soll jetzt eine typische Haltung dazu einnehmen. Andere Beispiele:
- 8:15 Uhr: Im Klassenzimmer
- Feueralarm
- Im Freibad
- Mitten in der Kälte Sibiriens
- Im Zoo
- Auf dem Fußballplatz

Entweder schlagen die Schüler selbst Szenen aus ihrer Lebenswirklichkeit vor, oder der Lehrer gibt die Situation vor, um sie zu thematisieren oder zur Überleitung in den Folgeunterricht zu verwenden.

Theaterpädagogische Bemerkung

Die Übung stammt aus der Theaterarbeit. Für Kinder ist es häufig schwer, in einer bestimmten Rolle zu bleiben. Sie kichern, lenken sich ab, müssen auf andere reagieren. Hier geht es darum, sich nicht ablenken zu lassen und ganz in der Rolle zu bleiben – obwohl der Engel genau das verhindern will.

Theater bietet einen Schutz- und Erlebnisraum. Man kann und darf sich in einer fremden Rolle ausprobieren, dort erleben, was normalerweise nicht sein soll oder darf. Wie in einem Märchen darf in dieser theatralen Wirklichkeit gemordet, gelogen und gestorben werden. Auf der anderen Seite ist das szenische oder theatrale Spiel viel realer, als wenn man nur über eine Sache liest oder über sie redet. Schließlich wird das ganze Kind, der ganze Mensch einbezogen. Und da Erleben viel stärker als Reden ist, ist auch die Wirkung viel stärker.

In dieser Übung »sterben« alle Kinder zu Beginn und liegen dann »tot« auf dem Boden. Wenn in der Klasse zuvor die Großmutter eines Schülers gestorben ist, wählt man vielleicht besser eine andere Geschichte und verzichtet auf die Toten.

Noch ein Hinweis: Wir lachen nicht einfach so. In den meisten Fällen haben wir einen Grund: Man lacht miteinander, aber es werden auch Menschen ausgelacht. So betrachtet, ist Lachen ein Phänomen alltäglicher Kommunikation. Bei dieser Übung fällt der stark soziale Charakter des Lachens erst auf den zweiten Blick auf. Es wird die ganze Zeit über das Lachen kommuniziert – vor allem auf der Beziehungsebene.

Gruppenwahrnehmung und Teamfähigkeit

Teamfähigkeit und soziale Kompetenz sind heute wichtiger als je zuvor. An die Stelle des allein vor sich hintüftelnden Wissenschaftlers und des einsamen Managers ist das Team gerückt. Die Aufgaben in unserer Welt sind zu komplex geworden, als dass eine Person sie allein bewältigen könnte. Gruppenwahrnehmung und Teamfähigkeit zu schulen macht also nicht nur Spaß, sondern bereitet vor auf die Welt nach der Schule.

Die folgenden Übungen bauen aufeinander auf. Die Übung zur *Raumwahrnehmung* enthält erste Gruppenwahrnehmungen (»Nur einer bewegt sich, der Rest steht«), *Veränderungen an Personen* richtet den Fokus von toten Gegenständen auf den Mitschüler, *Gehen und Stehen* ist eine chorische Übung, bei der alle sich uniform bewegen, bei *Tische rücken* erhält die Gruppe erstmals eine konkrete Aufgabe, die mit Material (den Tischen) verbunden ist, *Einen Bambusstab ablegen* erfordert erstmals eine gemeinsame Strategie, beim *Fliegenden Teppich* wird eine komplexe Aufgabe gestellt, die in der Gruppe gelöst werden soll. Der letzte Abschnitt macht einen Strukturvorschlag, wie man *Die Vorteile der Gruppe nutzen* kann.

Das alles benötigt Zeit. Gerade heute, wo sehr viel auf das Individuum ausgerichtet ist, fällt es Schülern meist schwer, sich in einer Gruppensituation so zu verhalten, dass sie zur Problemlösung beitragen. Allein schon die Verlagerung des Fokus vom Einzelnen zur Gruppe hin, also die Wahrnehmung der Gruppe, ist vielen Schülern fremd und fällt ihnen deswegen häufig schwer.

Die meisten Übungen gewinnen durch Wiederholung an Qualität. Ausgenommen sind der *Bambusstab* und *Der fliegende Teppich*, da hier Lösungen gefunden werden. Wichtig ist, dass die Schüler den Gruppenvorteil selbst spüren. Das Empfinden von Gemeinschaft bringt Lust mit sich. Daher mögen die Kinder die Übungen.

Ziel dieses Kapitels ist nicht in erster Linie die Darstellung verschiedener Übungen, vielmehr ging es mir darum, einen praktikablen Weg aufzuzeigen, wie – etwas überspitzt formuliert – aus einer zusammengewürfelten Schülermenge eine Gruppe, ein Team wird. Es liegt in den Händen des Lehrers, den Entwicklungsstand der Gruppe zu erkennen und das richtige Maß an Anforderung zu finden. Die hier dargestellten Spiele sollen dafür eine Hilfe sein. Teamfindung können Sie nicht erzwingen. Sie können nur eine Atmosphäre schaffen, in der mit hoher Wahrscheinlichkeit eine leistungsfähige Klassengemeinschaft entsteht.

Raumwahrnehmung

Erste Übung: Der unveränderte Raum

Die Übung wird am besten im Klassenzimmer oder in einem anderen sehr vertrauten Raum durchgeführt, den alle schon seit vielen Wochen oder Monaten kennen. Einige Zeit lang (fünf oder zehn Atemzüge) sollen die Kinder sich bewusst umsehen und dann die Augen schließen.

Der Lehrer wartet ab, bis völlige Stille im Raum herrscht, und stellt dann eine Frage zum Raum. Die Frage könnte beispielsweise lauten: »Wie sieht die Decke des Raumes aus?« Wer etwas weiß, hebt blind seinen Finger. Wird er vom Lehrer berührt, sagt der Betreffende, was er weiß oder vermutet. Es gibt keinen Gewinner: Wer schummelt, nimmt sich selbst eine Erfahrung. Nachdem vier oder fünf Kinder etwas gesagt haben, dürfen alle die Augen wieder öffnen und nachschauen. Typische Fragen sind:
- Wie sieht die Beleuchtung des Klassenzimmers aus?
- Wie viele Fenster hat der Raum, und wie sehen sie aus?
- Wo befinden sich Steckdosen, und welche werden gerade genutzt?
- Wie viele Heizkörper gibt es? Können sie geregelt werden? Wie sehen sie aus?

Es ist erstaunlich, wie wenig wir über einen Raum wissen, in dem wir uns täglich stundenlang aufhalten.

Zweite Übung: Veränderungen im Raum

Ebenfalls eine Übung ohne jede Vorbereitung: Die Kinder prägen sich den Raum so genau wie möglich ein und sollen anschließend fünf Veränderungen finden. Sie kennen das aus Zeitschriften: Ein Bild wird kopiert, jedoch sind bei der Kopie fünf Fehler passiert. Diese gilt es zu markieren. Die folgende Übung ist eine Umsetzung in die eigene dreidimensionale Wirklichkeit.

Diese zweite Übung eignet sich gut, um Ruhe in eine Gruppe zu bekommen und um die Aufmerksamkeit zu bündeln.

Umsetzung

Es herrscht absolute Stille. Der Verlauf der Übung hängt wesentlich von der Konzentration und der Atmosphäre im Raum ab. Sobald ein Kind spricht, ist beides gestört. Der Ablauf besteht aus drei Teilen.

Erster Teil: Wahrnehmung des Raumes
Wir stellen uns vor, dass der Raum völlig eingefroren ist. Kein Stuhl, kein Kleidungsstück, kein Mäppchen – nichts darf mehr bewegt werden. Würde etwas zufällig verändert werden, würde das später von anderen als die gesuchte Veränderung wahrgenommen werden.

Die Schüler wissen, dass sie im Anschluss fünf Veränderungen finden sollen. Es gilt also, sich so viel wie möglich zu merken. Es gibt hier verschiedene Techniken bzw. Hilfen:
- *Wechsel der Perspektive:* Ein Raum wirkt, wenn man am Boden liegt, ganz anders, als wenn man auf dem Stuhl oder Tisch steht. Die Extreme des Raumes sollen erforscht werden: Wie wirkt der Raum von einer Ecke aus? Wie fühlt sich der Raum für mich an, wenn ich auf dem Pult stehe?
- *Emotionale Bewertung:* Es hilft, den Raum mit seinen eigenen Geschmacksvorlieben zu bewerten: »Diese Sache gefällt mir gut, diese weniger, jene überhaupt nicht.«
- *Geschwindigkeit:* Die Raumwahrnehmung verändert sich auch durch die Geschwindigkeit, mit der man den Raum durchschreitet. Meist gehen bei dieser Übungen alle Teilnehmer (egal ob Kinder oder Erwachsene) in moderatem Tempo durch den Raum. Genau so, wie man es von Ausstellungen her kennt. Es hilft, wenn der Lehrer eine Zeit lang dieses »normale« Tempo verbietet. Jeder soll also bewusst schneller oder langsamer gehen. Manche Hindernisse nimmt man erst ab einer gewissen Geschwindigkeit wahr, andere Dinge benötigen ein langsameres Tempo.

Wer genug gesehen hat, verlässt den Raum. Auch vor der Tür wird nicht gesprochen. Sobald der letzte Schüler draußen ist, verändert der Lehrer fünf Dinge. Die Schwierigkeit kann dem Alter der Schüler angepasst werden. Geübte Gruppen leisten um ein Vielfaches mehr und erkennen kleinste Veränderungen. Wird die Übung zum ersten Mal durchgeführt, sollten die Veränderungen entsprechend groß sein: Ein Vorhang kann zugezogen, ein Mülleimer verstellt, der Kreideschwamm verlegt oder ein Fenster geöffnet werden. Eine Veränderung der Beleuchtung ist meist schwerer zu entdecken.

Theaterpädagogische Zwischenbemerkungen

- Es wirkt so, als könne jeder den Raum verlassen, wann er will. Das ist keinesfalls so. Obwohl der Lehrer keine genaue Zeitangabe vorgibt, entsteht vor der Tür kein langes Warten. Das hat einen Grund: Sind nur noch ein oder zwei Schüler im Klassenzimmer, spüren diese einen Druck, der von der draußen wartenden Gruppe ausgeht. Der Letzte im Raum weiß, dass er jetzt die Klasse verlassen sollte. An dieser Stelle wird also der Gruppendruck zur Strukturierung des Unterrichts genutzt. (Es gibt Kinder, die die besondere Situation ausnutzen, um beachtet zu werden. In diesem Fall kann man nachhelfen, indem man für die verbleibenden wenigen Schüler eine konkrete Zeitangabe vorgibt.)
- Damit die schon vor dem Klassenzimmer stehenden Schüler die Stille auch einhalten, ist es wichtig, dass Sie als Erster oder einer der Ersten den Raum verlassen. Wenn sich bereits eine Menge ohne Sie angesammelt hat, wird diese sehr wahrscheinlich zu flüstern beginnen. Wenn Sie als Erster draußen sind, werden auch Ihre Nachfolger die Stille einhalten. Wenn die schweigende Gruppe eine bestimmte Größe erreicht hat, werden die Neuankömmlinge nicht mit Sprechen anfangen. Sie sehen, es kommt sehr darauf an, zu welchem Zeitpunkt Sie sich wo befinden!
- Sie bestimmen, was im Raum passiert. Wenn Sie wollen, dass die Schüler den Raum vom Tisch aus wahrnehmen, müssen Sie als Erster auf den Tisch klettern, sonst wird es keiner tun. Wenn Sie wollen, dass die Schüler tief in die Hocke gehen, um sich den Raum von unten anzusehen, dann machen Sie das als Erster. Sie sind die Leitfigur und können bestimmen, was stattfindet. Dieser letzte Punkt gilt vor allem im Umgang mit Erwachsenen. Kinder gehen auch von sich aus eigene Wege. Trotzdem hilft es, wenn Sie als Erster das Eis brechen und etwas tun, was man normalerweise nicht tut.
- Achtung: Das Auf-dem-Tisch-Stehen ist nicht ungefährlich! Man kann dabei unglücklich stürzen, beispielsweise auf einen Stuhl oder eine sonstige Kante. Wenn Ihnen die Sache bei bestimmten Klassen zu gefährlich erscheint, gehen Sie nur in die Tiefe, da kann man nicht fallen. Das Einhalten der Stille ist einerseits eine Wertschätzung der Übung, andererseits schützt die Konzentration vor Unachtsamkeit und Fehltritten.
- Wichtig sind die Konzentration und das Ziel, alle Veränderungen zu finden. Einfach auf dem Tisch zu stehen, damit man einmal auf dem Tisch gestanden hat – das ist natürlich albern. Der Perspektivenwechsel muss als Vorteil in der Raumbetrachtung erfahren werden. Um das zu demonstrieren, kann man zwei Gruppen gegeneinander antreten lassen: Eine muss sich »normal« wie in einem Museum verhalten, hingegen darf die andere jede gewünschte Perspektive oder Gangart einnehmen. Die zweite Gruppe schneidet fast immer besser ab.

Zweiter Teil: Aufspüren der Veränderungen
Die Kinder kommen wieder herein und versuchen, die Veränderungen zu finden. Jeder ist ein Privatdetektiv und findet für sich die fünf Spuren im Raum. Es hilft, wenn man wieder dieselben Perspektiven wie zuvor einnimmt. Wer also auf einen bestimmten Tisch gestiegen ist, sollte jetzt wieder auf diesen Tisch steigen. Wenn man einen bestimmten Weg in einer bestimmten Geschwindigkeit durch das Klassenzimmer genommen hat, dann sollte man diesen wieder so abschreiten.

Wer alles gefunden oder die Suche aufgegeben hat, friert an irgendeiner Stelle im Raum ein. Wer ein solches Einfrieren vor einer ganzen Klasse noch nicht erlebt hat, sollte es genießen: Die Raumatmosphäre erinnert an Marie Tussauds Wachsfigurenkabinett. Hierzu müssen allerdings *alle* Bewegungen komplett einfrieren, sonst verschwindet die Illusion der Wachsfiguren.

Dritter Teil: Auflösung
Noch immer wird nicht gesprochen. Es darf sich stets nur eine Person im Raum bewegen. Wer eine Veränderung zu kennen glaubt, steht auf und stellt den Anfangszustand wieder her. Wer von den übrigen Schülern glaubt, dass das stimmt, klatscht. War es falsch, wird der Gegenstand wieder zurückgestellt.

Die nonverbale Auflösung erzeugt eine viel höhere Spannung, als wenn gesprochen würde.

An dieser Stelle wird die Wahrnehmungsübung auf die Gruppe selbst hin erweitert: Der Lehrer ruft niemanden auf. Er bestimmt nicht, wer als Nächstes dran ist. Die Regel ist, dass sich nur eine Person im Raum bewegen darf, alle anderen bleiben eingefroren. Hierzu muss sich die Gruppe als Gesamtheit wahrnehmen. Die Übung entwickelt sich hier von der reinen Raumwahrnehmung zur Gruppenwahrnehmung weiter.

Veränderungen an Personen

Die Übung *Raumwahrnehmung* kann auf Personen übertragen werden. Hierzu werden vier Tische zu einer »Bühne« zusammengeschoben. Die Klasse bildet einen Kreis um die Bühne und dreht sich mit dem Gesicht nach außen.

Drei oder vier Personen werden vom Lehrer für ein Standbild ausgewählt. Es ist am einfachsten, wenn das Bild Schritt für Schritt aufgebaut wird: Einer geht auf die Bühne und nimmt eine bestimmte Haltung ein, dann dreht sich der Nächste um und »baut« sich auf der Bühne dazu usw.

Es ist sehr wichtig, dass die Schüler während dieser Aufbauphase nichts an ihrer Haltung verändern. Auch der Blick der einzelnen Darsteller ist an einem klaren Ort fixiert.

Wenn das Standbild fertig ist, darf es besichtigt werden. Über einen langen Zeitraum völlig erstarrt zu sein ist sehr anstrengend (siehe die Vorübung auf S. 36), daher beträgt die Betrachtungszeit höchstens zwei Minuten. Ebenfalls ist ein Abstand von etwa einem Meter bzw. einer Armlänge einzuhalten (Intimsphäre).

Körperhaltungen lassen sich leichter merken, wenn man sie selbst nachempfindet. Zum Beispiel kann der Beobachter die Stellung einer Hand oder eine Körperhaltung nachahmen. Danach gehen alle in den Kreis zurück, den Blick von der Bühne weg.

Im Anschluss verändern die Statuen fünf Dinge. Eine Uhr kann vertauscht werden, der Blick in eine andere Richtung zeigen …

Die Beobachter erhalten jetzt eine Minute, um die Veränderungen zu erkennen. Wieder wird nicht gesprochen. Die Auflösung findet statt, indem mit dem Finger eine

Veränderungen an Personen

verdächtige Stelle berührt wird. Stimmt der Ort, wird der Ausgangszustand von der betreffenden Statue wiederhergestellt. So wie sich bei der Übung *Raumwahrnehmung* nur eine Person im Raum bewegen durfte, darf hier nur ein Finger auf eine Stelle drücken. Ist das für die Gruppe zu schwierig, ist es besser, *einen* Gegenstand zu benennen (zum Beispiel einen Schlüssel, der den Fehler wieder rückgängig machen soll), mit dem die Stelle berührt wird. Auf diese Weise kann nur ein »Finger« verwendet werden, und die Auflösung geschieht schrittweise.

Vorübung

Oft werden Standbilder versucht, die viel zu schwer zu halten sind. Es ist nicht einfach, in einer bestimmten Stellung zu verharren. Damit man ungefähr einschätzen kann, auf was man sich einlässt, hilft die folgende Vorübung.

Beide Arme werden waagerecht nach außen gehalten. Die Zeit wird gestoppt. Eine Minute ist gut, zwei sind besser. Auch wenn das Halten nach kurzer Zeit sehr schwierig wird: Das Gesicht darf sich in einem Lächeln entspannen. Nach der Übung ist jedem klar, wie schwierig es ist, eine starre Haltung einzunehmen.

Gehen und Stehen

Eine einfache und doch sehr effektive Übung zur Gruppenwahrnehmung: Wenn einer steht, müssen simultan alle stehen.

Umsetzung

Phase I
Alle gehen schweigend in einem angemessenen Tempo kreuz und quer durch den Raum. Wenn der Lehrer stehen bleibt, bleiben schlagartig *alle* im Raum stehen. In der Regel dauert es beim ersten Mal fünf Sekunden, bis der Letzte begriffen hat, dass jeder außer ihm bereits steht. Aber schon nach ein paar Anläufen wird nahezu Gleichzeitigkeit erreicht.

Phase II
Bisher war der Lehrer der Leithammel. Wenn er losläuft, läuft die Klasse, wenn er steht, steht alles. Viel anspruchsvoller ist es, wenn keiner weiß, wer stehen bleiben soll. Hierzu schließen zu Beginn alle die Augen und heben einen Zeigefinger hoch.

Der Lehrer wählt durch Drücken einen »Stehenbleiber« aus. Dann werden alle wieder sehend, die Übung beginnt. Der Ausgewählte soll ein paar Atemzüge warten, bis er überraschend erstarrt.

Phase III

Wenn der Ablauf allen vertraut ist und der Gruppe das plötzliche Einfrieren gelingt, beginnt das eigentliche Spiel: Drei Beobachter steigen zur besseren Übersicht auf Tische oder Stühle und versuchen herauszufinden, wer von der Gruppe zuerst stehen bleibt. Wie zuvor beschrieben, wählt der Lehrer einen Schüler aus; währenddessen drehen sich die Beobachter zur Wand. Dann beginnt das Spiel. Wenn die Gruppe steht, darf jeder Beobachter einen Tipp abgeben. Liegt keiner von ihnen richtig, hat der Rest der Gruppe gewonnen.

Nach jeder Runde werden die Beobachter ausgewechselt, sodass nach sechs bis acht Spielrunden jeder einmal dran war.

Wenn *Gehen und Stehen* gut beherrscht wird, kann man zu beliebigen Bewegungen übergehen. Allerdings sollten diese groß und langsam sein. Natürlich kann auch nur die Position des kleinen Fingers verändert werden, aber das ist schon eine sehr fortgeschrittene Übung.

Zu Beginn ist es sicherlich besser, wenn der Lehrer drei oder vier Bewegungen zur Auswahl vorgibt, z. B. eine Hand auf den Kopf legen, sich auf den Boden legen. In einem späteren Durchgang kann sich der Schüler dann frei für eine Bewegung entscheiden.

Auch die Anfangsposition kann variiert werden. Hier sitzen die Kinder im Kreis auf dem Boden.

Phase IV
Wird das Spiel perfekt beherrscht, wählt der Lehrer keinen Schüler mehr aus. *Irgendjemand* bleibt stehen – wer, wird nicht ausgemacht. Hier muss der Lehrer selbst sehr gut im Beobachten sein, auch wenn die Gruppe meist selbst herausfindet, wer zuerst stehen blieb.

Auch das erneute Losgehen nach dem Stehenbleiben übernimmt selbstgesteuert ein beliebiger Schüler. Es wird vereinbart, dass mindestens fünf Atemzüge lang gegangen bzw. gestanden wird. Ansonsten wird die Übung zum Stakkato, da verständlicherweise jeder einmal der Erste sein möchte.

Gelingt auch diese Übung, wird zusätzlich die Art und Weise des Losgehens variiert. Die Bewegung kann zum Beispiel einer mit Hüpfen beginnen, als Folge hüpfen alle durch den Raum. Der Idealzustand ist, dass man als Außenstehender nicht mehr wahrnehmen kann, *wer* mit dem Hüpfen begonnen hat. Es gibt die unterschiedlichsten Gangarten: hüpfen, schlendern, hart auftreten; auf Zehenspitzen gehen, auf den Ballen, auf den Seitenkanten der Füße … Als Spielleiter kann man fordern, dass die neue Fortbewegungsart stets eine andere Form besitzen muss. Richtig gut wird es, wenn die alltäglichen Bewegungsarten, die »Standards«, aufgebraucht sind. Manche Klassen rutschen auf Knien oder rollen auf dem Boden durch den Raum.

Tische rücken

Bei vielen erlebnisorientierten Übungen im Klassenraum benötigt man Platz. Tische und Stühle stehen meist im Weg und müssen weggeräumt werden. Die folgende Übung macht aus der Not eine Tugend.

Der Lehrer zeichnet die gewünschte Stellung von Tischen und Stühlen an die Tafel. Zum Beispiel sollen möglichst schnell (Uhrzeit wird gestoppt) alle Tische an die Wand geschoben werden. Private Dinge, wie Schulranzen und Sporttaschen, wandern unter die Bänke. Zum Schluss treffen sich alle in einem exakten Kreis in der Mitte und nehmen die gleiche Haltung ein – die nicht vorgegeben wird.

Wichtig bei allen erlebnispädagogischen Übungen ist die absolute Klarheit der Aufgabenstellung. Es darf also so lange nachgefragt werden, bis wirklich jedem Schüler klar ist, wie das Klassenzimmer hinterher aussehen soll. Meist beginnen die Schüler in diesem Stadium schon mit dem Räumen, hier hilft nur die Klarheit des Lehrers: Vor dem Startschuss muss alles wieder zurückgelegt werden. Während des Umräumens darf kein Wort gesprochen werden, andernfalls wird alles wieder zurückgestellt und von vorn begonnen. Ist der Ablauf geklärt, soll jeder Schüler schätzen, wie lange es dauert, bis die neue Raumordnung hergestellt ist und alle Schüler genau im Kreis stehen.

Das Redeverbot fördert die Konzentration auf die Gruppe und beugt Unfällen vor, die durch eventuelles Chaos entstehen würden. Am besten erklärt man der Gruppe außerdem, dass die besten Zeiten durch fließende und nicht durch ruckartige Bewegungen erreicht werden. Erst dann gibt es den Startschuss. Typische Zeiten liegen knapp unter einer Minute. Die Schätzungen der Schüler liegen meist zwischen drei und fünf Minuten. Fast immer ist die Klasse schneller als die zeitlich kürzeste Schätzung.

Einen Bambusstab ablegen

Material
- ein Bambusstab

Eine vermeintlich einfache Übung: Ein Bambusstab soll *gemeinsam* abgelegt werden. Der Stab wird wie in der Abbildung auf die Zeigefinger gelegt, er darf nicht mit dem Daumen eingeklemmt werden. Während der ganzen Übung muss *jeder* den Stab berühren.

Einen Bambusstab ablegen 43

Umsetzung

Es werden zwei Gruppen gebildet. Beide halten den Stab wie in der Abbildung. Die Gruppe, die den Stab zuerst auf dem Boden abgelegt hat, hat gewonnen.

Je mehr Kinder den Stab halten, desto schwieriger wird die Übung: Der Stab geht – ich habe es nie anders erlebt – zuerst bei jeder Gruppe nach oben. Da jeder den Stab berühren muss, übt jeder eine gewisse Kraft auf den Stab aus. Meist reicht bereits diese Berührung, um den Stab nach oben zu befördern.

Es ist eine laute Übung, zumindest in den ersten Versuchen wird viel geschrien. Das Schreien bringt natürlich rein gar nichts, im Gegenteil: Die Situation wird angespannter, und so wird es unmöglich, den Stab auf dem Boden abzulegen.

Es ist gar nicht so einfach, zwei Gruppen gleichzeitig starten zu lassen. Sie müssen als Lehrer die Stäbe gut festhalten, um das erste Überraschungsmoment (Stab geht nach oben) nicht vorwegzunehmen. Im Bild sind hier sehr viele Kinder zu sehen. Einfacher ist es, mit nur sechs oder acht Spielern zu beginnen.

Alternativ kann man mit einer Stoppuhr die Zeit einer Gruppe nehmen. Dabei kontrolliert jeweils die andere Gruppe, ob auch alle Regeln (alle Finger am Stab, keiner hält den Stab fest) eingehalten werden.

Ein fliegender Teppich

Material
- reißfeste Gewebeplane aus dem Baumarkt (15 m²)

Eine Expedition macht sich mit einem fliegenden Teppich auf, um Drachen im Land Vulkanien zu erforschen. Hoch oben in den Wolken bemerkt die Mannschaft plötzlich, dass die Hitzebeschichtung ihres fliegenden Teppichs nach oben statt nach unten zeigt. Dummerweise ist unter ihnen bereits die brodelnde Lavamasse von Vulkanien. Es ist unmöglich zu landen, auch der Rückflug würde zu lange dauern. Wenn der Teppich nicht in Kürze umgedreht wird, sodass die hitzebeständige Schicht nach unten zeigt, werden alle in die glühende Masse stürzen …

Entscheidend ist die richtige Größe des fliegenden Teppichs. Hier wurde für eine Schulklasse eine reißfeste Gewebeplane aus dem Baumarkt von 15 Quadratmetern verwendet. Bei einer halben Klasse sind 10 Quadratmeter ein gutes Maß.

Die Plane wird ausgebreitet, die Schüler nehmen darauf Platz, und der Lehrer erzählt die Geschichte. Falls sich Ober- und Unterseite gleichen, markiert der Lehrer die hitzebeständige Schicht durch ein Kreuz.

Die Aufgabe lautet: Dreht den Teppich um, ohne dass jemand herunterfällt. Das Berühren des Bodens wird als Absturz gewertet. Wenn die Regeln klar sind, geht es los. Es dauert nur wenige Sekunden, bis es sehr laut wird.

Die Übung ist schwierig. Auch wenn der Gesamterfolg des Umdrehens bejubelt wird, sind doch fast immer Todesopfer zu beklagen. Ich fordere die Schüler auf, darüber nachzudenken, ob die Mannschaft in dieser gefährlichen Situation gut reagiert hat. Hätten diese Abstürze vermieden werden können?

Ich frage nach, ob jemand eine Idee hatte, die er aufgrund des allgemeinen Chaos nicht mitteilen konnte. Jetzt heben sich ein paar Arme. Wie kann es sein, dass in einer lebensgefährlichen Situation Ideen untergehen, die unter Umständen Leben retten können?

Die Vorteile der Gruppe nutzen

In der letzten Übung war das Chaos vorprogrammiert. Natürlich hat der Lehrer nicht gesagt: »Zerrt an jeder Ecke der Plane möglichst gleichzeitig herum, und wenn ihr nicht gehört werdet, dann schreit lauter!« Aber eine Gruppe, die »einfach so« eine Aufgabe bekommt, ist fast immer durch die Gruppensituation überfordert, weil eine solche in der Schule fast nie geübt wird. Die im Folgenden beschriebene Vorgehensweise kann auf sehr viele Probleme übertragen werden. *Der fliegende Teppich* ist also lediglich als ein Beispiel zu betrachten.

Wir spielen eine zweite Runde, aber diesmal gibt der Lehrer nur einzelne Schritte für das Vorgehen vor. Inhaltlich hält er sich völlig heraus. Seine Rolle ist die eines Moderators, der für den korrekten Ablauf von fünf Phasen sorgt, nicht aber die Inhalte bestimmt:

Phase I: Ideenfindung
Die Plane wird ausgebreitet, aber vorerst betritt sie niemand. Jeder überlegt ganz allein für sich, wie das Problem zu lösen ist. Es herrscht Stille im Raum.

Phase II: Verbalisierung der Ideen
Wer eine Idee hat, betritt die Plane. Dort stellen sich die Schüler in Zweier- oder Dreiergruppen gegenseitig ihren jeweiligen Plan vor.

Phase III: Präsentation der Ideen
Sind alle auf dem fliegenden Teppich angekommen, werden die Ideen der ganzen Gruppe vorgestellt. Wichtig in dieser Phase ist, dass es um das Verstehen der einzelnen unterschiedlichen Ideen geht und nicht darum, ob sie gut oder schlecht sind. Wenn jemand der Gruppe seine Idee erzählt, müssen hinterher alle die Idee verstanden haben. Es macht kein Sinn über eine halb verstandene Idee zu streiten – auch wenn das leider in der Praxis sehr häufig geschieht. Der Moderator muss hier sehr klar sein und häufig nachfragen, ob wirklich *jeder* die Idee verstanden hat. Zumindest, wenn die Klasse ein solches Arbeiten nicht gewohnt ist.

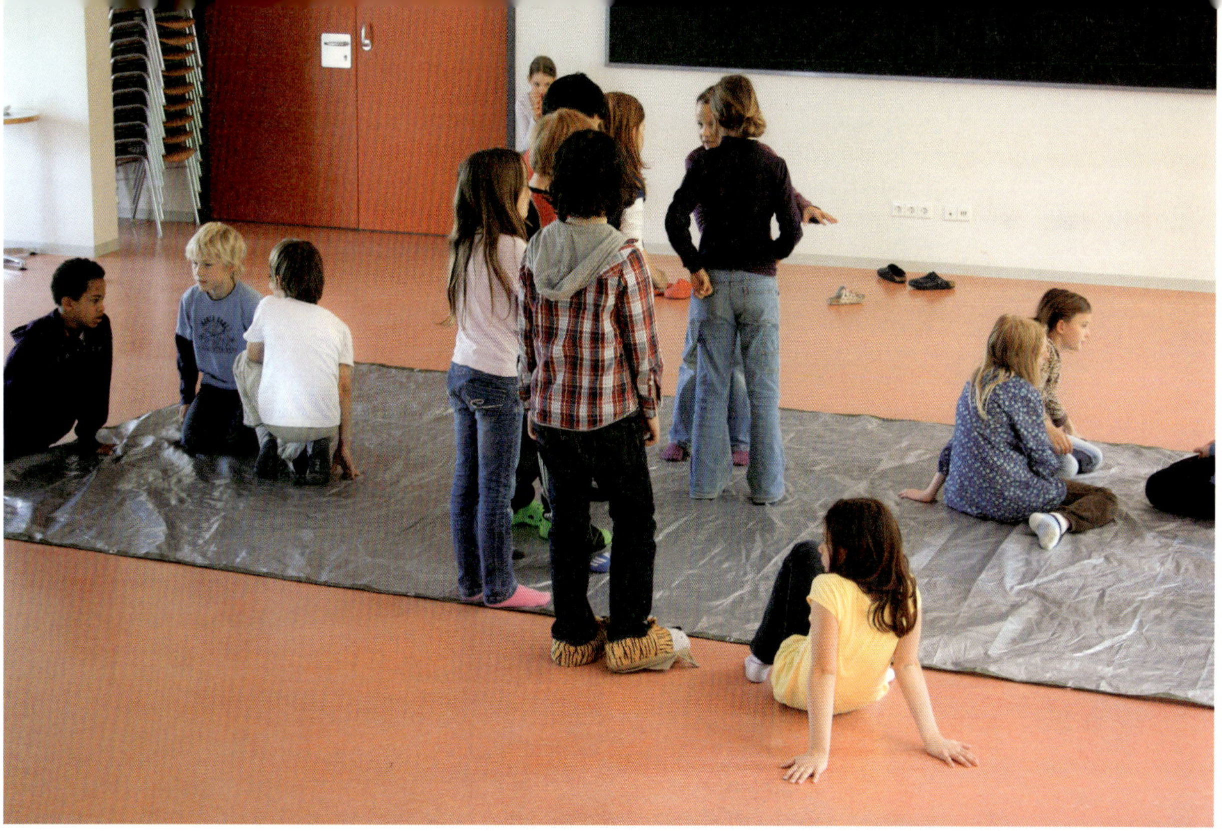

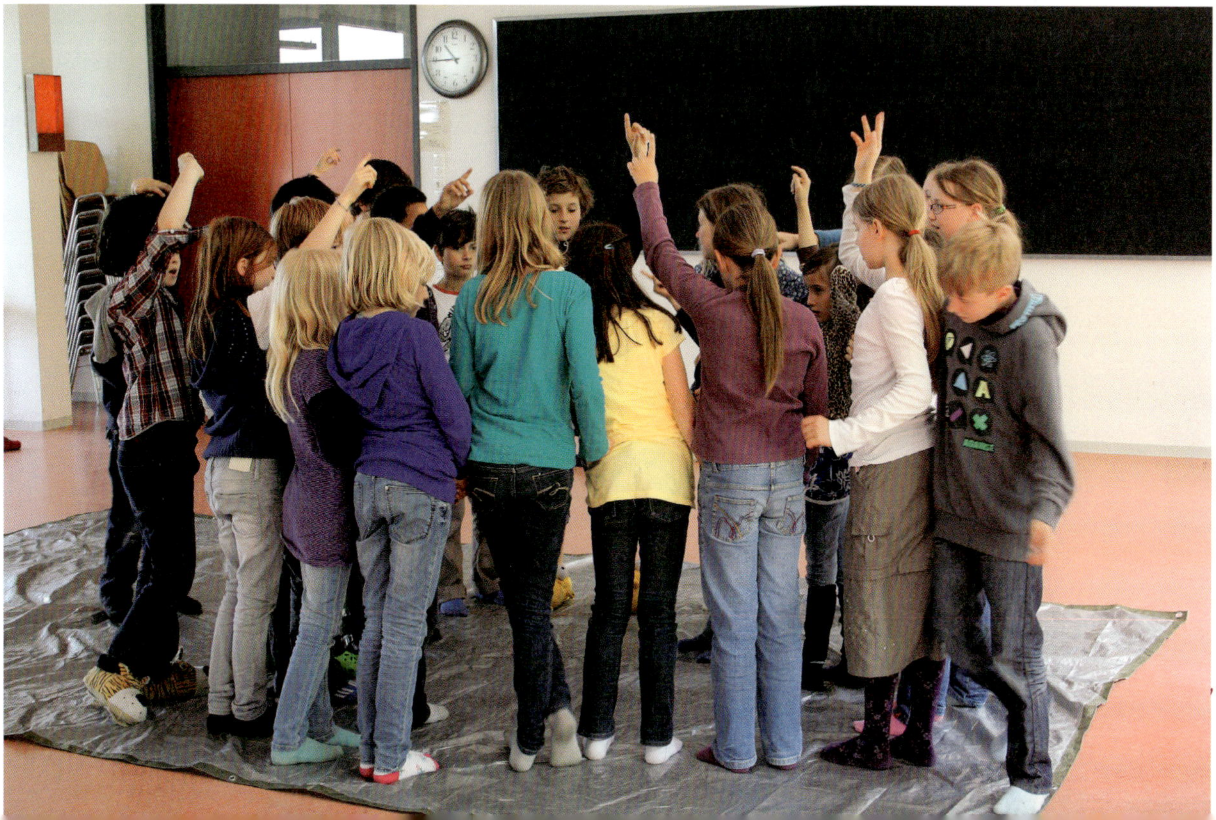

Phase IV: Entscheidungs- und Diskussionsphase
Wenn keine neuen Ideen formuliert werden, beginnt die Diskussion. Mitunter werden verschiedene Ideen kombiniert. Man kann der Gruppe als Hilfe einen »Redestab« an die Hand geben. Das kann z. B. der Tafelschwamm sein. Nur wer diesen in der Hand hat, darf reden.

Meist wollen die Schüler in dieser Phase darüber abstimmen, welche Idee umgesetzt werden soll. Das verwundert nicht, weil sie demokratisch erzogen wurden und Mehrheitsentscheidungen vorgelebt bekamen. Natürlich sind Mehrheitsbeschlüsse in dieser Situation recht dämlich, wenn man mit zehn Gegenstimmen eine Idee umsetzen möchte, die die Aufmerksamkeit aller fordert. Aber auch schon eine einzige Gegenstimme sollte gehört werden. Angenommen, nur einer erkennt, dass der angestrebte Plan einen Fehler enthält, dessentwegen alle abstützen würden. Dann sollte dieser eine doch zumindest seine Einwände verständlich machen dürfen!

Während dieser Phase ist es erstaunlich, wie hoch die Konzentration im Raum ist. Vor allem, wenn man sich an das Chaos bei der unmoderierten Durchführung der Übung erinnert.

Phase V: Umsetzung

Jetzt wird die Idee umgesetzt. Meist finden die Schüler dann die »Bonbonmethode« (siehe Foto auf der linken Seite): Alle Schüler gehen auf eine Seite der Plane, sagen wir die rechte. Dann wird die Plane wie ein Bonbon einmal verdreht, sodass links die richtige Seite oben liegt. Nun geht einer nach dem anderen mit einem Schritt über die Verdrillung auf die andere Seite.

Didaktisch-pädagogische Bemerkungen

Das hier beschriebene Vorgehen, das die Stärke der Gruppe nutzt bzw. zeigt, hat verschiedene Einflüsse:

Wenn bestimmte Regeln beachtet werden, ist die Gruppe häufig besser als der Beste aus der Gruppe. Die Methode versucht, den von Peter Wellhöfer in seinem Buch »Gruppendynamik und soziales Lernen« beschriebenen Gruppenvorteil zu nutzen.

Die Übung knüpft auch an das Unterrichtskonzept des dialogischen Lernens von Peter Gallin und Urs Ruf an, speziell an die Ich-du-wir-Methode. Die Ideenfindung (»*Ich* würde es so machen«) findet räumlich getrennt vom Nachfragen beim anderen (»Wie machst *du* es?«) statt. Der Raum wird zur Strukturierung genutzt. Es ist eine theaterpädagogische Idee, einzelne Phasen räumlich zu trennen und damit eine Struktur vorzugeben.

Die Theaterpädagogik wirkt noch an zweiter Stelle, ohne dass man es recht bemerkt: Die Geschichte mit dem fliegenden Teppich gibt klare Regeln vor. Das ist eine hübsche Sache! Natürlich ist die Geschichte an sich schön, und die Kinder mögen solche Fantasiegeschichten. Außerdem können so Regeln implizit vorgegeben werden. So ist unterschwellig ein Zeitdruck gegeben, weil sich der Teppich die ganze Zeit über glühender Lava befindet. Klar ist auch, dass ein Fehltritt einen Absturz bedeutet. Viele Verhaltensweisen werden durch die Geschichte von sich aus klar. Wenn man möchte, dass die Gruppe leise ist, dann baut man in die Geschichte gefährliche Flugdrachen ein, die den Teppich zerfetzen, wenn sie Menschenstimmen hören. Flüsternde Stimmen können die Drachen nicht orten.

Das Beispiel mit dem Flugdrachen ist natürlich an den Haaren herbeigezogen, aber es funktioniert. Ich will damit zeigen, dass man nicht sonderlich originell sein muss, um Regeln zum Bestandteil eines Spiels werden zu lassen. Die Wirklichkeit des Spieles wird intensiver, je weniger »äußere« Bedingungen bzw. Regeln vorhanden sind. Gut ist es, wenn alle äußeren Umstände (Zeit, Lautstärke, Räumlichkeit) zum Spiel gehören.

Weiterführende Literatur
Gallin, Peter/Ruf, Urs: Ich–du–wir. Sprache und Mathematik 4.–5. und 5.–6. Schuljahr. ILZ: Zürich 1999.

Wellhöfer, Peter R.: Gruppendynamik und soziales Lernen. Lucius & Lucius: Stuttgart, 2. Auflage 2001.

Die Vorteile der Gruppe nutzen

Geheime Botschaften

Material
- kleine Filzstiftkappen, Holzdübel, Radiergummis oder USB-Sticks (2,5 bis 3 cm lang)

Ein altes Spiel. Alice (A) möchte Bob (B) eine Nachricht zukommen lassen. Während Alice und Bob dafür sorgen, dass die Nachricht geheim bleibt, gibt es auf der anderen Seite Angreifer, die alles versuchen, um die Botschaft abzufangen. Der eine verbirgt, der andere versucht aufzudecken.

Dabei gibt es prinzipiell zwei Strategien: Man kann die Nachricht verstecken, oder man kann sie verschlüsseln.

Es ist ein hübsches Spiel, Nachrichten zu verbergen oder zu verschlüsseln. Es scheint zutiefst menschlich zu sein, sich mit geheimen Botschaften auseinanderzusetzen.

Jedoch ist das Thema weit mehr als ein Spiel. Kriege wurden verloren und gewonnen aufgrund Ver- bzw. Entschlüsselung von Botschaften. Die Kryptologie prägt aber auch in friedlichen Zeiten unsere Kultur. Denken Sie an digitale Signaturen oder Online-Banking.

Verstecken von Nachrichten

Ein Mikrochip enthält wichtige Daten und soll heimlich über die Grenze gebracht werden.

Vorbereitung

In dieser Übung gibt es drei Gruppen: die Polizisten an den Grenzkontrollstationen, die Detektive und die Psychologen an ihren Schreibtischen.

Vier Schmuggler verlassen mit einem Mikrochip (z. B. einer Filzstiftkappe oder einem Radiergummi) den Raum. Ihre Aufgabe ist es, den Chip bei einem der

Verstecken von Nachrichten 51

52 Geheime Botschaften

vier Schmuggler so zu verstecken, dass die Polizisten ihn bei der Durchsuchung nicht finden.

Der Mikrochip darf nur an Stellen versteckt werden, die durchsucht werden können. Also nicht in der Unterhose.

Während sich die Schmuggler draußen ein Versteck überlegen, wird der Raum vorbereitet: Es gibt insgesamt vier Durchsuchungsstationen. Jede wird durch zwei sich gegenüberstehende Stühle markiert. Aus acht Stühlen entstehen so vier Stationen, die zusammen einen Korridor bilden. An jedem einzelnen Kontrollabschnitt stehen drei Polizisten, sodass es insgesamt zwölf Polizisten gibt.

Ans Ende des Korridors werden nochmals vier Stühle für die vier Schmuggler gestellt.

Für die Psychologen werden parallel zum Durchsuchungskorridor vier Tische gestellt. Auf jedem Tisch stehen oder sitzen zwei Psychologen. Die Psychologen versuchen, durch bloße Beobachtung den Besitzer des Mikrochips auszumachen.

Rechts ist eine Skizze zur Übersicht.

Die genaue Anzahl der Stationen und ihre jeweilige Besetzung werden an die jeweilige Klassenstärke angepasst. An dieser konkreten Übung waren 24 Kinder beteiligt: zwölf Polizisten, acht Psychologen und vier Schmuggler.

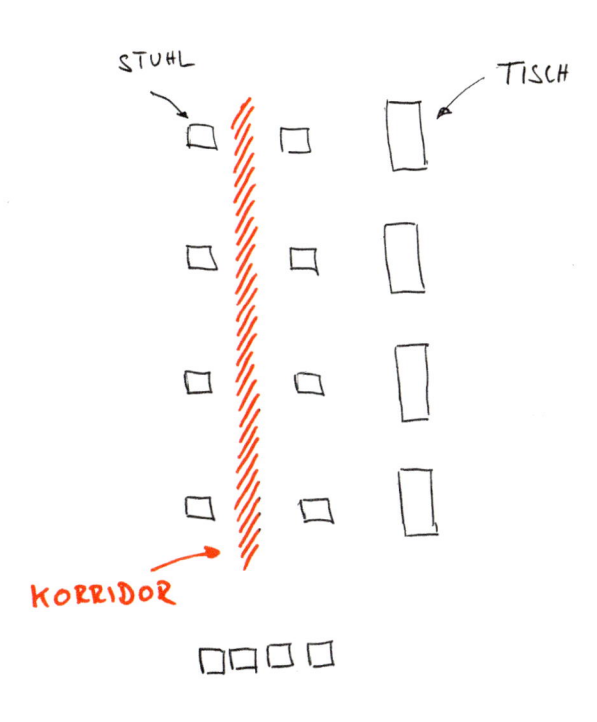

Durchführung

Die Schmuggler betreten in ihrer gewählten Reihenfolge den Korridor. Jeder wird in der Polizeistation genau 45 Sekunden lang durchsucht. Ist die Zeit um, gibt der Lehrer ein Signal, und die Schmuggler rücken um eine Station weiter. Falls der Chip nicht gefunden wird, dauert die gesamte Untersuchung sieben mal 45 Sekunden. (Der letzte Schmuggler muss zuerst dreimal 45 Sekunden warten, bis die erste Polizeistation frei wird.) Sind alle Verdächtigen durch die Kontrollen gelangt, kommen die Psychologen an die Reihe. Sie dürfen jedem Schmuggler eine Frage stellen. Dann wählen sie aufgrund ihrer Beobachtungen einen Schmuggler aus, den jetzt auch sie 30 Sekunden lang durchsuchen dürfen.

Spannend wird es, wenn der Chip immer noch nicht gefunden wurde. In diesem Fall geht jeder Schmuggler in eine eigene Zimmerecke. Zur besseren Übersicht können sie auf einen Stuhl oder einen Tisch steigen. Alle Übrigen im Raum sollen zu dem Schmuggler zu gehen, von dem sie glauben, dass er den Chip besitzt. Der Lehrer kann die Situation noch verschärfen, indem er jeden Schmuggler auffordert, kurz zu erklären, warum er den fraglichen Chip nicht besitzt. Eine schwierige Situation: Einer lügt, die andern sagen die Wahrheit.

Auf ein Zeichen zeigen alle auf die Stelle, wo sie den Mikrochip vermuten. (Im folgenden Bild stehen die Schmuggler statt in den Ecken auf den Tischen der Psychologen.)

Schließlich befragt der Lehrer jede Gruppe, warum sie ausgerechnet »ihren« Schmuggler verdächtigt. Die verschiedensten Hypothesen werden aufgestellt. Sind alle Vermutungen und Vorurteile ausgesprochen, folgt die Auflösung. In der Stille packt der Mikrochipschmuggler aus. Sehr häufig ist es der Schmuggler, der am wenigsten verdächtigt wird.

Theaterpädagogik und Gewaltprävention

Im Theater darf verdächtigt, beschuldigt, gelogen und angeklagt werden. Im Spiel werden *Rollen* vergeben, sodass jeder in seiner Rolle entsprechend handeln *muss*. Ohne Folgen darf hier gelogen, Vorurteile dürfen ausgesprochen werden.

Trotzdem lässt sich das Spiel sehr leicht auf typische Situationen in Klassenzimmern übertragen. Angenommen, es handelt sich nicht um einen Mikrochip, sondern um einen Geldbeutel, der nicht mehr gefunden wird! Auf einmal treten Verdachtsmomente und »Beweise« auf, warum der oder der schuldig ist. Das Schmugglerspiel stellt klar, dass es sehr, sehr schwer ist, den »Richtigen« herauszufinden. In diesem Kontext dient das Schmugglerspiel der *Gewaltprävention*. Es kann reflektiert werden, auf welcher Grundlage jemand verdächtigt wurde.

Alternative

Möchte man den gewaltpräventiven Aspekt betonen, kann man das eigentliche Schmuggeln als eine Art Theaterstück von der halben Klasse durchführen lassen (vier Schmuggler, vier mal zwei Polizisten). Alle Zuschauer schlüpfen dann in die Rolle der Psychologen. Um die Diskussion zu fördern, gibt der Lehrer vor, dass sich die Zuschauer durch Mehrheitsbeschluss auf einen Schmuggler einigen müssen. Dieser kommt dann ins Gefängnis.

Material für jeden Schüler
- ein Stift mit sechseckigem Profil
- Papier und Schere

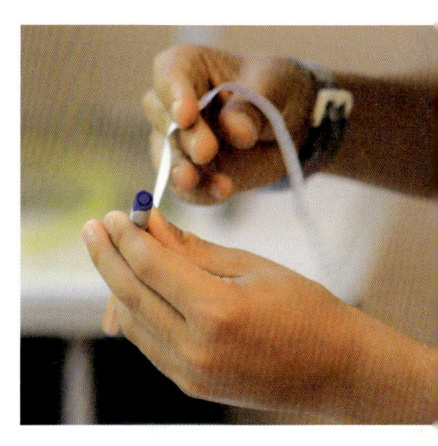

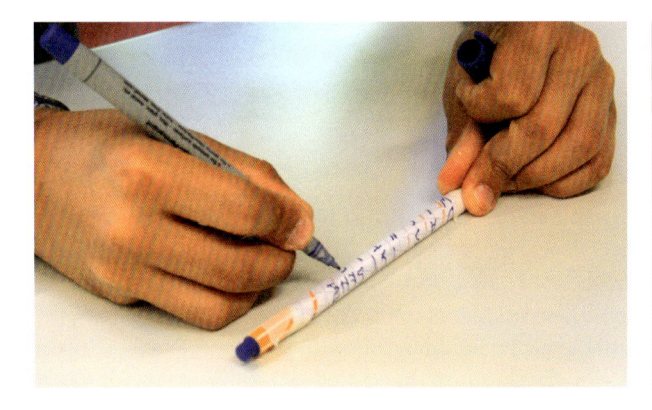

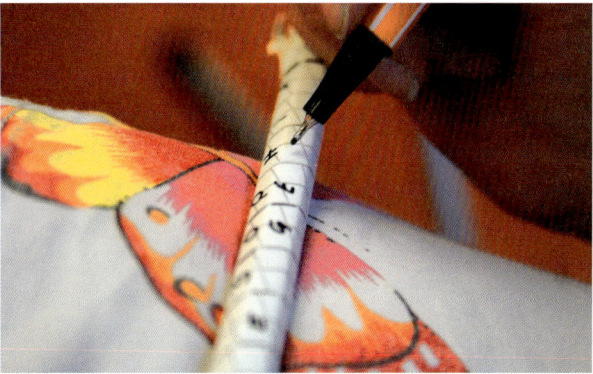

Botschaften verschlüsseln wie die alten Griechen

Bisher wurde lediglich ein Versteck für die geheime Botschaft gesucht. In der Geschichte gibt es hierfür viele Beispiele: So wurden im alten China auf Seide geschriebene Nachrichten als Wachsbällchen geschluckt; Spione im 20. Jahrhundert nutzten Urin als unsichtbare Tinte (die dann durch Wärme wieder sichtbar gemacht wurde).

Im Folgenden soll die Nachricht nicht verborgen, sondern verschlüsselt werden. Das hier verwendete Verschlüsselungsverfahren wurde von den Spartanern etwa 400 vor Christus im alten Griechenland verwendet, um geheime Militärbefehle zu codieren.

Die Schüler gehen paarweise zusammen, jeder verschlüsselt für den anderen eine Nachricht nach folgendem Prinzip: Ein Papierstreifen (Breite etwa 1 cm) wird straff und ohne Überlappung auf einen Stift mit Wabenprofil (Sechseck) gewickelt – bei

Botschaften verschlüsseln wie die alten Griechen

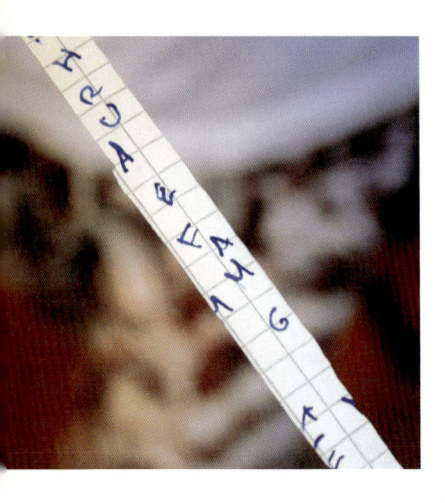

den Griechen war das ein runder Stab, die sogenannte Skytala. Damit das Papier nicht verrutscht, wird es am Anfang und Ende jeweils durch ein Klebeband fixiert.

Ist der Stift umwickelt, wird die Nachricht zeilenweise aufgeschrieben. Der Umfang des Stifts bestimmt den Abstand der Buchstaben.

Der abgewickelte Papierstreifen wird schließlich dem Partner zum Entschlüsseln gegeben. Hierzu wird natürlich ein Stift mit demselben Durchmesser benötigt.

Erweiterung

Das Prinzip der Wickelverschlüssung begreift man am besten ohne Papierstreifen. Analog zu den sechs Seiten des Stiftes wird die zu verschlüsselnde Nachricht in sechs Spalten geschrieben. Klartext und verschlüsselter Text sind im Folgenden farblich getrennt:

F	Ü	R	D	I	E
V	E	R	S	C	H
L	Ü	S	S	E	L
U	N	G	B	E	N
Ö	T	I	G	T	M
A	N	K	E	I	N
E	N	P	A	P	I
E	R	S	T	R	E
I	F	E	N	…	

Um die Nachricht zu verschlüsseln, vertauscht man Zeilen und Spalten bzw. schreibt die Nachricht Spalte für Spalte auf:

FVLUÖAEEIÜEÜNTNNRFRRSGIKPSEDSSBGEATNICEETIPR…EHLNMNIE

Die Wicklung bedeutet also nichts weiter als ein Umsortieren der Buchstaben. Um die Nachricht zu entschlüsseln, muss der Empfänger wissen, dass die Botschaft in sechs Spalten geschrieben wurde. Diese entsprechen der Dicke des Stiftes. Es muss also ein gemeinsamer Schlüssel (hier die Spaltenbreite sechs) vereinbart werden.

Winkel- und Kästchencode

Diese Verschlüsselung wurde von dem Geheimbund der Freimaurer im 18. Jahrhundert benutzt. Es handelt sich um eine monoalphabetische Substitution: Statt die Plätze der Buchstaben zu vertauschen, wird jeder Buchstabe durch ein anderes Zeichen ersetzt. Ein einfaches Beispiel dafür ist der Winkel- und Kästchencode. Hier wird das Alphabet in ein bestimmtes Raster geschrieben:

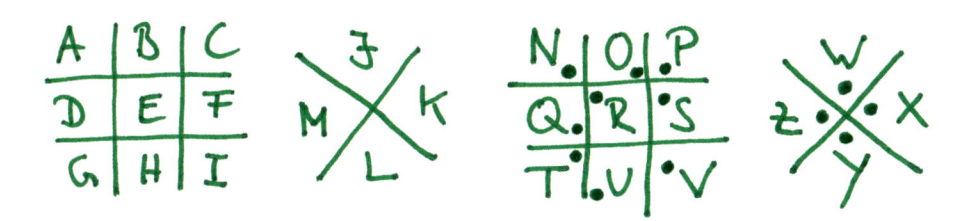

Möchte man einen Text verschlüsseln, wird nur die Begrenzung des Buchstabens aufgezeichnet. So wird das E beispielsweise mit einem Quadrat □ verschlüsselt:

Morsecode – Weiterleitung von Information

Streichholz für Streichholz wird so gelegt, dass schließlich eine Leitung entsteht, die eine Information weiterleiten kann. Im einfachsten Fall hebt sich das vorderste Hölzchen per Druck. 25 Zentimeter sind schon eine recht lange Leitung.

Die Übung lässt sich erweitern: Die Schüler sollen herausfinden, wie man eine komplexe Nachricht mit einer solchen Leitung übertragen kann. Kann es überhaupt sein, dass man nur durch Knopfdruck eine Nachricht übermitteln kann? Es gibt ja nur die beiden Zustände: »gedrückt« und »nicht gedrückt«. Beim Winkel- und Kästchencode wurden 26 Symbole verwendet. Sollten auch zwei reichen?

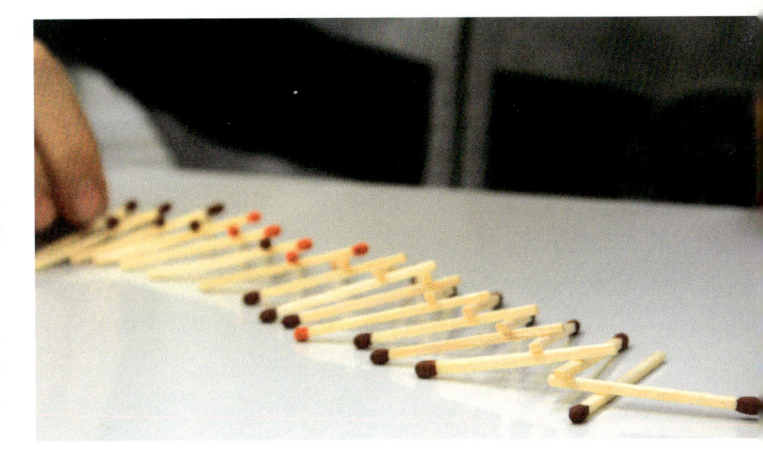

Material für jede Kleingruppe
- eine Schachtel Streichhölzer

A	·−	N	−·	0	−−−−−
B	−···	O	−−−	1	·−−−−
C	−·−·	P	·−−·	2	··−−−
D	−··	Q	−−·−	3	···−−
E	·	R	·−·	4	····−
F	··−·	S	···	5	·····
G	−−·	T	−	6	−····
H	····	U	··−	7	−−···
I	··	V	···−	8	−−−··
J	·−−−	W	·−−	9	−−−−·
K	−·−	X	−··−		
L	·−··	Y	−·−−		
M	−−	Z	−−··		

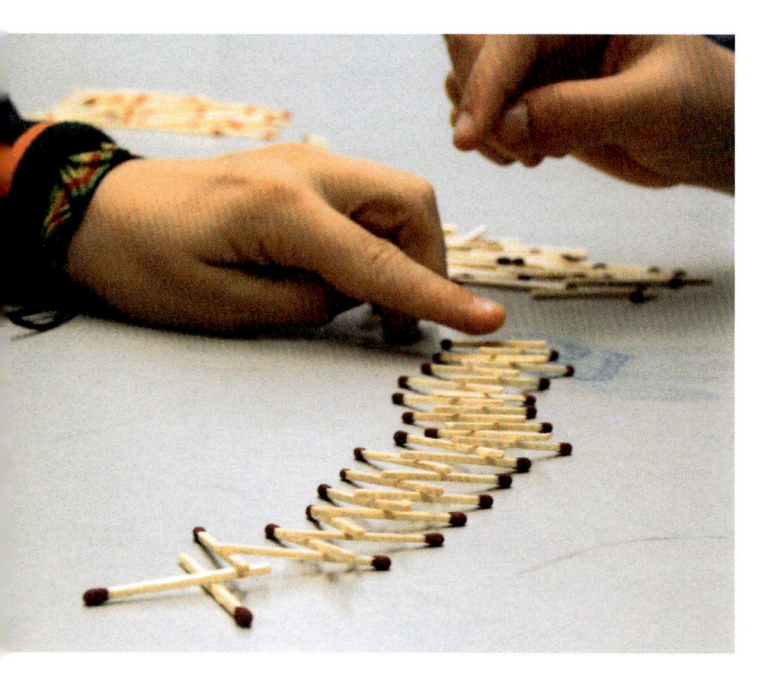

Die bekannteste Lösung ist das Morsealphabet, hier werden Buchstaben durch eine Abfolge zweier unterschiedlicher Zeichen ersetzt: »Punkt« und »Strich«, bzw. »kurz« und »lang«. Der Morsecode entspricht somit dem Winkel- und Kästchencode, auch wenn es hier nicht um Geheimhaltung geht, sondern um die Möglichkeit, eine Information zu übertragen.

Asymmetrische Verfahren

Ein Rätsel: Zwei Person haben einander weder gesehen noch irgendein Geheimnis (z. B. eine bestimmte Verschlüsselungsmethode) ausgetauscht. Wir stellen die Situation nach: Zwei Schüler befinden sich mitten im Raum, von Abhörgeräten (Mitschülerohren) und Kameras (Mitschüleraugen) umgeben. Können die beiden prinzipiell eine Information austauschen, ohne dass die Mitschüler Zugriff haben?

Geheime Botschaften

Zunächst glaubt man, dass ein solcher Informationsaustausch nicht möglich sei. Dabei ist der Grundgedanke bestechend einfach.

Wir spielen die Lösung nach: Der Sender verpackt seine Nachricht in seine Vesperbox und verschließt diese pantomimisch mit einem imaginären Vorhängeschloss. Dann überreicht er die Box dem Empfänger. Da dieser keinen Schlüssel hat, kann er sie auch nicht öffnen. Der Trick besteht darin, dass er mit einem zweiten Vorhängeschloss die Box verschließt und diese an den Sender zurückschickt. Dort angekommen, entfernt dieser sein eigenes Vorhängeschloss und sendet die Nachricht erneut. Jetzt ist sie nur noch durch das Schloss des Empfängers gesichert, sodass dieser jetzt die Box öffnen und die Nachricht entschlüsseln kann.

Material für jeden Schüler
- eine Vesperdose
- ein Schloss

Hintergrund

Die bejahende Antwort auf die Eingangsfrage markiert den Durchbruch zu modernen Verschlüsselungsverfahren. Bisher hatten Sender und Empfänger denselben Code (symmetrische Verschlüsselung). Der Empfänger machte dasselbe wie der Sender – nur in umgekehrter Reihenfolge. So wurde z. B. bei der Skytala (siehe S. 55 f.) die geheime Botschaft durch das Abwickeln des beschriebenen Papierstreifens verschlüsselt und durch das Aufwickeln wieder entschlüsselt.

Die Idee der asymmetrischen Verschlüsselung ist genial einfach: Zur Lösung des Rätsels benutzen Sender und Empfänger verschiedene Schlüssel. Der Nachteil besteht darin, dass die Nachricht insgesamt dreimal gesendet werden muss.

Man kann allerdings das Verfahren mithilfe von öffentlichen Schlüsseln vereinfachen. Dann landet man beim sogenannten Public-Key-Verfahren: Überall im Klassenzimmer werden vom Empfänger offene Vorhängeschlösser ausgelegt. Jetzt kann jeder eine Nachricht verfassen, in seine Box stecken und das Vorhängeschloss zuschnappen lassen. Öffnen kann die Box nur noch der Empfänger, da nur er den richtigen Schlüssel hat. Sonst kann niemand im Raum die Nachricht lesen. Das Verfahren funktioniert aufgrund der Asymmetrie zwischen Auf- und Zuschließen (das ja hier einem schlüssellosen »Zuschnappen« entspricht). Auch das Public-Key-Verfahren ist also eine asymmetrische Verschlüsselung.

Asymmetrische Verfahren

Der Traum vom Fliegen

»Schwerer als Luft? – Solche Flugmaschinen sind unmöglich.«
Lord Kelvin, britischer Physiker, 1824–1907

Es gibt drei unterschiedliche Prinzipien, um den Luftraum zu erobern. Und alle drei lassen sich in der Grundschule erleben:
- Zuerst stellen wir fest, dass Luft von höherer Temperatur nach oben steigt. Verpacken wir diese Luft in einer Hülle, erhalten wir das erste Fluggerät der

Menschheit: den Heißluftballon. Übrigens: Ballonfahrer fahren und fliegen nicht durch die Luft, da ihr Fluggerät »leichter« als die verdrängte Luftmasse ist. So betrachtet, ist ein Ballon nichts anderes als ein Schiff, nur mit dem Unterschied, dass er durch die Luft fährt und nicht durchs Wasser.
- Ein Flugzeug würde im Gegensatz zu einem Heißluftballon vom Himmel fallen, wenn es anhalten würde. Der Flügel muss mit einer bestimmten Geschwindigkeit umströmt werden, damit ein Sog entsteht, der den Flieger nach oben zieht. Hubschrauber bedienen sich desselben Prinzips.
- Es gibt noch eine weitere Möglichkeit, den Erdboden zu verlassen: die Raketentechnik. Im Gegensatz zum Ballon oder Flugzeug benötigt eine Rakete keine Luft zum Fliegen. Diese Technik erlaubt die Reise zu den Sternen.

Das Kapitel *Der Traum vom Fliegen* bietet eine Vielzahl von Experimenten, die auf den ersten Blick gar nichts mit Fliegen zu tun haben. So geht es um das Prinzip des Kühlschranks, um chemisches Riechen, um Dichte, um Temperaturmessung und Thermometer, um einen Kompass und um eine Turbine. Das Kapitel ist einerseits historisch aufgebaut (Heißluftballon, Flugzeug, Raketenantrieb), andererseits wurde auf einen Spannungsbogen geachtet. So steht beispielsweise die Streichholzrakete am Schluss. Die Reihenfolge ergibt also durchaus Sinn, auch wenn die einzelnen Abschnitte unabhängig voneinander sind. Also Mut zur Lücke, wenn es an Zeit fehlt! Auch wenn die dargestellte Reihenfolge durchdacht ist, würde ich mich als Lehrer eher von den Kindern und deren Fragestellungen leiten lassen.

Geschichten erzählen – ein fliegender Teebeutel

Kinder lieben Geschichten. Sie leben in einer Welt der Fantasie. Mit wie wenig Aufwand lassen sich in diesem Alter einfachste Dinge zum Leben erwecken! So genügt in diesem Beispiel ein einfacher Teebeutel, um ein Abenteuer »Wirklichkeit« werden zu lassen. Die Regieanweisungen sind in Grün geschrieben, die vom Lehrer vorzulesende Geschichte in Rot.

Jim Knopf fuhr über den großen Ozean heim nach Lummerland.
  [Der Teebeutel reitet dabei über die imaginären Wellen.]
  Zu Hause angekommen, vermisste er Prinzessin Li Si, stattdessen fand er eine Flaschenpost.
  [Das Papier am Beutel wird abgerissen, der Erzähler tut so, als lese er den »Brief« vor.]
  »Lieber Jim, ein gefährlicher Drache hat mich gefangen. Er lebt in einem steinernen Turm. Komm und rette mich! Deine Li Si«
  Jim und Lukas stachen sofort mit dem kaiserlichen Segelschiff in See. Nach

Material für jede Kleingruppe
- ein Doppelkammerteebeutel
- ein Teller
- Streichhölzer zum Anzünden

tagelanger Reise erblickten sie endlich den steinernen Turm. Schon von Ferne sahen sie das Feuer, das der Drache spuckte.
 [Ein Streichholz wird entzündet und ausgeblasen.]

Doch wie sollte Jim in den Turm kommen, um Li Si zu befreien? Als Erstes legten sie mit ihrem Schiff an und banden es am Ufer fest.
 [Die Schnur vom Teebeutel wird entfernt.]
 Dann hatte Jim eine Idee: Sie löschten die Ladung und zerlegten ihr Schiff, um daraus einen hohen Turm aus Holz direkt neben dem steinernen zu bauen. Mancher Nagel ging nur schwer heraus. Doch schließlich schafften sie es.
 [Die Klammer am Teebeutel wird entfernt, die Teefüllung ausgeschüttet und die entstandene Röhre auf eine feuerfeste Unterlage gestellt.]

Jim kletterte schnell auf den Turm.
 [Die Finger des Erzählers laufen entlang der Röhre hoch.]
 Er befreite Li Si aus dem Drachengefängnis. Doch gerade in dem Augenblick, als er mit ihr den Holzturm hinunterkletterte und sie fast schon in Freiheit waren, wurden

sie vom Drachen entdeckt, der mit seinem feurigen Atem das Holz entflammte.
[Mit einem Streichholz wird der Turm entzündet.]

Jim und Li Si klettern so schnell wie möglich, aber die Flammen kommen näher und näher. Und dann plötzlich hebt der ganze brennende Turm ab. In letzter Sekunde gelingt es den beiden noch, sich an einer Wolke festzuhalten.

[Der Erzähler wendet sich direkt an die Kinder:]
  Natürlich weiß jedes Kind, dass man sich an einer Wolke nicht festhalten kann. Oder habt ihr schon einmal gesehen, dass sich jemand an einem Nebel festhalten kann? Aber in Geschichten geht das, das ist ja das Wunderbare an Geschichten. Nun sind Jim und Li Si oben in den Wolken – und Lukas unten auf der Insel. Wie könnte er die beiden retten?

Geschichten erzählen – ein fliegender Teebeutel **63**

Didaktik

Wenn Bilder in manchen Vorlesebüchern unentbehrlich sind, so ist es hier das Experiment. Sie müssen dabei kein großer Erzähler sein, damit die Geschichte wirkt. Es ist fast egal, wenn Sie stocken oder Fehler passieren. In jedem Fall ist es stärker als das reine Vorlesen. Es ist, als ob die Kinder alles, was stören könnte, von selbst ausblenden. Nur Mut.

Die Idee, Unterrichtsgegenstände mit Geschichten zu verbinden, ist eine Kunst. Kinder denken in Geschichten und Bildern und merken sich Dinge in Geschichten und Bildern. Die vorgestellte Geschichte ist exemplarisch zu verstehen: Experimente lassen sich mit einer Geschichte verknüpfen. Es geht hier also eher um die Kunst des »experimentellen« Geschichtenerzählens als um ein schönes Experiment.

Erklärung

Die Luft über der Flamme erwärmt sich und steigt nach oben. Es muss Luft von unten nachströmen, wie die Skizze zeigt:

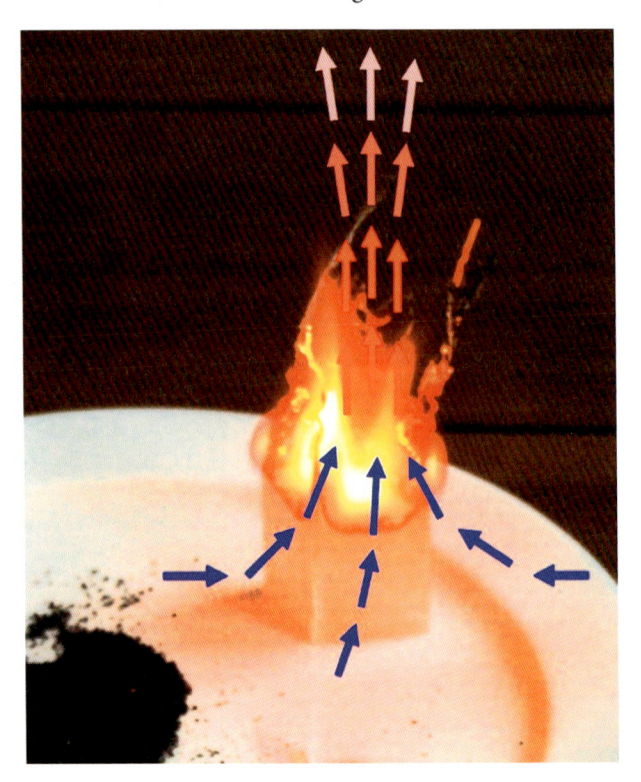

Schließlich wird der Rest des Teebeutels durch die erzeugte Luftströmung mit nach oben gerissen.

Ein großer Heißluftballon

Lukas blickt nach oben zu den Wolken. Da fällt ihm ein, dass ja »nur« das Holz des Schiffes verbrannt ist, das Segel ist noch da.

Eine dünne Abdeckfolie aus dem Baumarkt (das Segel) wird in die Mitte gelegt. Mehrere Rollen Kreppband oder Tesafilm, ein paar Scheren und ein Haartrockner (der verbrannte Holzturm glüht noch und erwärmt die Luft) werden hinzugelegt. Die Folien gibt es in einer Größe von 20 m² (4 m × 5 m), für die Übung reichen 4 m × 2,5 m.

Die Folie wird von den Kindern gehalten. Alle werden so still, dass das Knistern der Plane aufhört.

Material für jede Kleingruppe
- dünne Abdeckfolie aus dem Baumarkt (4 m × 5 m)
- Tesafilm

Wenn es ganz ruhig geworden ist, sollen die Kinder die Größe des Segels schätzen. Es wird nicht gesprochen. Wer einen Schätzwert hat, legt zum Zeichen eine Hand auf die Schulter. Wenn jeder sich entschieden hat, sagt jeder reihum seine Vermutung. Auf diese Weise kann sich jeder unabhängig von den anderen entscheiden. Wenn einer seine Vorstellung herausplappert, werden sich alle anderen daran orientieren – man kann sich von einer gehörten Schätzung nicht so leicht freimachen. Der Erste, der etwas sagt, wirft sozusagen einen Anker, an dem sich der Rest der Klasse orientiert.

Die vorgestellte Technik erschwert diese Vorfestlegung und kann sehr häufig im Unterricht genutzt werden. Man beachte die Kommunikationswege: Der Lehrer stellt verbal eine Frage, die Schüler antworten nonverbal, indem sie z. B. eine Hand auf die Schulter legen oder ein anderes Zeichen geben. Die typische Anweisung des Lehrers könnte lauten: »Wer eine Idee hat, verschränkt die Arme.«

Doch kommen wir wieder zurück zu unserer Folie. Die Frage war ja, wie Lukas oder wir das Segel zum Fliegen bringen können. Auf meine Aufforderung: »Bringt die Folie zum Fliegen«, reagierten sie so:

Kann Lukas mithilfe von heißer Luft Jim und Li Si retten?

Die Folie wird einmal gefaltet und mit Tesafilm zu einem großen Kissen zusammengeklebt. Die »Nähte« lassen sich leichter verkleben, wenn die Folie zuerst eingeschlagen wird. Es ist erstaunlich, mit welcher Präzision und Ernsthaftigkeit die Kinder das »Kissen« zusammenkleben.

Am besten gelingt die Arbeit in Zweierteams: Einer hält, der andere klebt. Anschließend wird eine Ecke abgeschnitten und der Ballon mit dem Haartrockner aufgeblasen.

Ein großer Heißluftballon 67

Es ist ein tolles Erlebnis, das langsame Aufrichten während der Befüllung zu erleben. Allein schon deswegen, weil das Objekt so groß ist. Man hat fast das Gefühl, die warme Luft zu »sehen«.

Dass die Luft im Ballon wirklich eine erhöhte Temperatur besitzt, lässt sich fühlen.

Unsere Geschichte endet hier: Jim und Li Si springen auf den Ballon und sinken beim Abkühlen der Luft langsam auf den Boden.

Wenn es draußen windstill ist, kann der Ballon auch an einer Schnur einige Meter hochgelassen werden. Vergessen Sie die Schnur nicht! Sonst fragen Sie sich womöglich nach dem freien Flug, wie Sie das Objekt z. B. wieder vom Dach bekommen.

Während ich Formulierungen für meine Chefin überlegte, half mir nach einigem Zittern ein glücklicher Windstoß.

Ein großer Heißluftballon

Ein freier Flug ist natürlich viel abenteuerlicher, als wenn der Heißluftballon »nur« zur Zimmerdecke steigt. Falls Ihnen die Deckenhöhe der Sporthalle oder der Aula nicht ausreicht und Sie trotz meiner Warnungen den wirklichen Luftraum erobern möchten, achten Sie bitte auf alle eventuellen Risiken. Autor und Verlag übernehmen keine Haftung. Es kann sehr gefährlich werden, wenn das Flugobjekt auf einer Fahrstraße landet.

Eine schülernahe Erklärung

Ein Wassertropfen schwebt im Meer. Er geht weder unter noch steigt er auf. Natürlich würde er sich mit dem umgebenden Wasser vermischen, also verpacken wir unseren Tropfen: Wir füllen Wasser in einen kleinen Luftballon, eine sogenannte Wasserbombe. Auch diese schwebt im Wasser.

Wir sagen, dass etwas leichter als Wasser ist, wenn es aufsteigt, und meinen eigentlich damit, dass es eine geringere Dichte hat. Eine Luftblase steigt zum Beispiel nach oben.

Mit der Luft verhält es sich ebenso: Wie ein Tropfen Wasser im Meer schwebt, so schwebt eine Luftblase im »Luftmeer«. Wir verpacken ebenfalls unsere Blase, diesmal mit leichter Folie. Warme Luft dehnt sich aus, damit hat sie eine geringere Dichte und steigt nach oben.

Es ist erstaunlich, wie viel Masse die Luft besitzt. Bei Normalbedingungen (im Klassenzimmer) hat ein Kubikmeter Luft die Masse von einem Kilogramm. Hätten Sie gedacht, dass die gesamte Luft in einem durchschnittlichen Klassenzimmer so viel wiegt wie vier ausgewachsene Lehrer, eine randvoll gefüllte Badewanne, eine Honda ST 1300 oder ein kapitaler Hirsch?

Material für jede Kleingruppe
- Blumenbindedraht
- ein Gelber Sack (oder ein anderer großer Müllbeutel aus dünner Folie mit Kanal für die Zugschnur)
- Watte
- Spiritus
- Streichhölzer zum Anzünden

Ein Heißluftballon mit echtem Feuer

In einem »richtigen« Heißluftballon wird die Luft natürlich mit Feuer erwärmt. Wer hätte gedacht, dass er sich auch aus einem Gelben Sack, Spiritus, Watte und Draht bauen lässt?

Bauanleitung

Gewöhnlicher Blumenbindedraht wird durch den Kanal der Zugschnur des Gelben Sacks gefädelt. Das gelingt am besten, wenn man dafür den Anfang des Blumendrahts umbiegt. Ziel ist, dass die Öffnung des so entstandenen Drahtrings später den Sack offen hält.

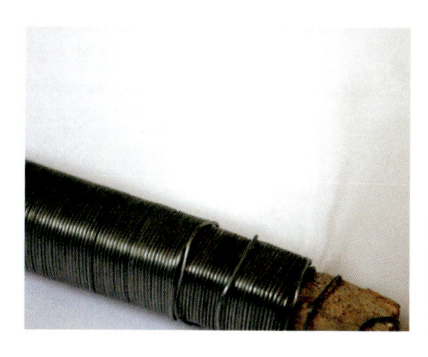

Im zweiten Schritt wird ein weiterer Draht am Drahtring befestigt. In der Mitte dieses Querspants wird ein kleines Stück Watte (oder Taschentuch) befestigt, das mit Spiritus getränkt wurde.

Dieser Versuch darf nicht im Freien durchgeführt werden: Offenes, unkontrolliertes Feuer am Himmel ist gefährlich – und unkontrollierte Flugobjekte sind verboten.

Bitte treffen Sie vor der Durchführung die nötigen Sicherheitsvorkehrungen. Es ist ratsam, diesen Versuch erst einmal allein – ohne Kinder – zu üben.

Durchführung

Chemisch riechen

Für Kinder ist alles neu, auch Spiritus. Wir üben uns im Riechen von chemischen Substanzen. Statt mit der Nase direkt über einer unbekannten Flüssigkeit tief einzuatmen, fächeln wir uns mit zwei Fingern Luft von der Flaschenöffnung zu. Möchten wir eine stärkere Geruchsprobe, fächeln wir mit der ganzen Hand.

Beim Riechen herrscht Stille. Jeder soll seinen Sinneseindruck unvoreingenommen erleben dürfen. Es müssen nicht alle Kinder riechen. Angst vor etwas Fremdem ist etwas ganz Natürliches. Wer heute noch nicht will, traut sich vielleicht morgen ganz ohne Zwang.

Wer den Geruchseindruck beschreiben kann, verschränkt seine Arme. Noch wird nicht geredet, wieder soll jeder – unabhängig vom anderen – seine eigenen Worte finden. Die Beschreibungen werden durch das Verschränken der Arme noch »unter Verschluss gehalten«. Das Bild der verschränkten bzw. verschlossenen

Ein Heißluftballon mit echtem Feuer

Arme ist wirkungsvoller als das Redeverbot. Vielleicht kennen Sie »Mundabschließen«: Ein fiktiver Schlüssel schließt den Mund ab und wird eingesteckt. Es ist dasselbe Prinzip: Mit Bildern lassen sich klarer, nachhaltiger und einfacher (Gesprächs-)Regeln festlegen.

Wenn alle so weit sind, löst einer nach dem anderen seine verschränkten Arme und teilt der Gruppe seine Wahrnehmung des Spiritusgeruches mit. Schließlich kann der Lehrer erklären, dass Spiritus aus fast reinem Alkohol besteht, wir aber hauptsächlich das Vergällungsmittel riechen, das verhindern soll, dass Spiritus getrunken wird.

Spiritus kühlt – Grundprinzip des Kühlschranks

Ein Wattebausch wird mit unserem Treibstoff (Spiritus) getränkt. Nach dem Riechen wollen wir erfahren, wie sich der Spiritus auf unserer Haut anfühlt. Wer das Experiment wagt, streckt schweigend seine Hand vor, die der Lehrer mithilfe des Wattebausches benetzt. Auch hier gibt die Stille den Raum für die individuelle Erfahrung. Die Kinder beobachten viel: Der Spiritus riecht (stinkt) viel mehr, es wird kühl an der benetzten Stelle – und bald ist der Spiritus verschwunden.

Das Experiment geht auch mit Spucke: Man leckt über den eigenen Handrücken (bitte nicht den Spiritus ablecken!) und pustet leicht aus einigem Abstand darüber: Auch jetzt wird es kühler, wenn auch nicht so stark wie beim Spiritus. Auch der Spiritus kühlt stärker, wenn wir auf diese Weise pusten.

Ob man das Experiment an dieser Stelle erklären muss oder nicht, bleibt der Situation überlassen. Man muss nicht alles aufklären, aber wenn die Kinder fragen und zu forschen beginnen, ist es vielleicht ganz gut, wenn man selbst eine Erklärung zur Hand hat. In diesem Sinne hier eine Möglichkeit:

Das Verdunsten der Flüssigkeit erfordert Energie. Diese wird der Umgebung entzogen. Da Spiritus schneller als Wasser verdunstet, kühlt er stärker. Wenn alles verdampft ist, verschwindet auch die Kühlwirkung. Wenn man jetzt das Gas der verdampften Flüssigkeit auffangen und mit Druck wieder verflüssigen würde, hätte man einen Kühlschrank.

Der Flug

Zwei Kinder halten den Ballon oben an den Zipfeln, dann träufelt der Lehrer etwas Spiritus auf den Wattebausch und wringt diesen etwas aus, damit die Flamme nicht zu groß wird. Es ist buchstäblich ein Spiel mit dem Feuer: Ist die Flamme zu groß, wird der Sack angekokelt, ist die Flamme zu klein, hebt er nicht ab …

Achten Sie darauf, dass sich beim Zünden kein Spiritus in der Nähe befindet. Eine offene Flasche, die mit Feuer in Berührung gerät, wäre eine Katastrophe. Weiter sollte eine Decke in Bereitschaft sein, damit im Fall der Fälle die Flamme sofort erstickt werden kann.

Das Anzünden erfolgt nach dem Countdown (gemeinsames Herunterzählen von zehn auf null). Nach einiger Zeit ist der Ballon gefüllt, und die Helfer können oben loslassen. Der Ballon steht dann mit seinem Ring auf den Handflächen des Lehrers und hebt nach kurzer Zeit sanft und völlig geräuschlos ab. Im Klassenzimmer herrscht in diesem Moment völlige Stille.

Der Ballon bleibt ungefähr eine Minute an der Decke hängen, dann wird die Flamme kleiner, und unser Fluggerät landet wieder. Beim Auffangen federt der Ballon noch ein- bis zweimal von den Handflächen nach oben ab. Wenn nach der Landung das Feuer ausgegangen ist und man ihn nur noch mit einer Hand festhält, kann man beobachten, wie er sich vorerst ganz langsam zur Seite neigt, sich jedoch rasch entleert, sobald die Waagrechte erreicht ist: Die warme Luftblase hat den Ausgang gefunden.

Ein Heißluftballon mit echtem Feuer

Das Trinkflaschen-Thermometer

Material pro Schüler
- eine Kunststoff-Flasche (0,5 bis 1,0 l)
- Knete
- ein Strohhalm (möglichst dünn)
- Wasser
- Tinte oder Lebensmittelfarbe

Aus einer Trinkflasche, etwas Knete und einem Trinkhalm lässt sich ein Thermometer herstellen. Es ist ein Versuch, der sehr gut zum Heißluftballon passt, weil man damit zeigen kann, dass sich Luft unter Wärmezufuhr ausdehnt. Aber das »Thermometer« ist auch für sich allein ein toller Versuch.

Warum steigt ein Heißluftballon nach oben? Die Antwort kommt prompt: Klar, weil warme Luft leichter ist! Aber warum ist warme Luft leichter?

Die Kinder stellen Vermutungen an: Weil durch das Feuer die Luft getrocknet wird, und da trockene Luft leichter als feuchte ist, hebt der Ballon ab! Oder: Weil durch das Feuer ein Gas entsteht, das den Ballon anhebt. Seltsam, normalerweise kommt keiner darauf, dass sich Luft unter Wärmeeinfluss ausdehnt.

Ich packe einen Trinkhalm und etwas Knete aus und frage, ob man damit zeigen kann, dass sich Luft ausdehnt. Ich komme mir vor wie ein Märchenonkel, der etwas Geheimnisvolles erzählt. Schritt für Schritt zeige ich, wie das Thermometer gebaut wird. Wirklich: Schritt – für – Schritt! Langsamer ist besser. Die Kinder werden Ihnen alles nachmachen: In der Geschwindigkeit, wie Sie das Thermometer bauen, werden es später die Kinder bauen. Sie werden auf die Dinge achten, auf die Sie geachtet haben. Wenn Sie das erste Stück Knete sehr gut durchkneten, werden es auch die Kinder tun.

Eine kleine Bemerkung zur Materialausgabe: Solange nur Sie das Material in der Hand haben, hört Ihnen jeder zu. Wenn Sie das Material zuerst austeilen, werden Sie schwerer Aufmerksamkeit bekommen. Auf diese Weise steuert das Material die Aufmerksamkeit.

Bauanleitung

Etwas Knete von etwa der Menge des kleinen Fingers wird so lange gewalkt, bis sie warm und geschmeidig ist. Ein kleiner Teil davon wird schließlich flach zu einem kurzen Band gedrückt und um den Trinkhalm gewickelt. Der Abstand zur Spitze des Trinkhalms beträgt etwa fünf Zentimeter. Anschließend wird die Knete noch verstrichen, sodass diese ganz eng anliegt (Bild links).

Die restliche Knete wird zu einer Wurst geformt und kompakt um das bereits mit Knete ummantelte Röhrchen gewickelt (Bild rechts). Die so entstandene Spirale wird auf den Flaschenhals gesetzt, die kurze Seite des Strohhalms nach oben. Die Flasche sollte zuvor so hoch mit Wasser gefüllt werden, dass der Trinkhalm gerade noch eintaucht. Wenn das Wasser z. B. mit Tinte oder Lebensmittelfarbe dunkel eingefärbt wird, lässt sich später die Flüssigkeitssäule im Röhrchen leichter erkennen.

Wichtig ist, dass die Knete den Zwischenraum von Röhrchen und Flaschenhals *vollständig* abdichtet. Gibt es nur eine etwas undichte Stelle, funktioniert das Thermometer nicht!

Durchführung

Um die Dichtheit zu prüfen, wird sehr vorsichtig ins Röhrchen geblasen. Damit entsteht im Inneren der Flasche ein Überdruck, und das Wasser steigt im Trinkhalm an. Senkt sich die Flüssigkeitssäule anschließend nicht ab, ist das Thermometer einsatzbereit.

Jetzt wird das Thermometer getestet. Natürlich steigt die Flüssigkeitssäule im Röhrchen auch an, wenn die Plastikflasche zusammengedrückt wird. Damit sichergestellt ist, dass die Luft sich unter Wärmeeinfluss ausdehnt und so das Wasser ansteigen lässt, soll die Flasche nicht oder nur sehr leicht berührt werden. Die Hände werden durch Reiben erwärmt und dicht an die Flasche gehalten.

Es ist erstaunlich, wie empfindlich das Thermometer auf Temperaturschwankungen reagiert. Je größer das Gasvolumen und je dünner der Trinkhalm, desto empfindlicher ist das Messinstrument.

Eine Turbine

Die bisherigen Experimente zeigen, dass warme Luft sich ausdehnt und nach oben steigt. Nun erwärmt nicht nur Feuer oder ein Haartrockner die Luft, auch unsere Hand hat eine etwas höhere Temperatur als die Luft im Klassenzimmer. Also steigt auch die Luft in der Umgebung unserer Hand nach oben.

Material
- Schere, Bleistift, Papier für jeden Schüler
- einige Teelichter für die Klasse

Einführung

Wir halten eine Hand über die andere und versuchen, die Luftströmung zu fühlen. Allen ist klar, dass es eine solche Strömung geben müsste, aber keiner kann diese wahrnehmen. Sie ist schlichtweg zu schwach. Könnte man mit Papier, Schere und Bleistift dennoch eine Turbine basteln, die aufgrund dieser Wärmeströmung angetrieben wird?

Wer sich für eine Antwort entschieden hat, soll zum Zeichen die Arme verschränken. Wenn alle so weit sind, nehmen wir unsere Standpunkte räumlich ein: Wer glaubt, dass es möglich ist, geht an die linke Wand im Klassenzimmer, wer glaubt, dass die Handwärme allein nicht ausreicht, sondern beispielsweise eine Kerzenflamme zu Hilfe genommen werden müsste, nach rechts.

Bei dieser Methode ist die Formulierung »sondern beispielsweise eine Kerzenflamme zu Hilfe genommen werden müsste« wichtig, sonst entscheiden sich die Kinder für »links« einfach deswegen, weil man sonst ja das Experiment nicht machen würde. Eine Handvoll Teelichter auf dem Tisch sprechen für die Möglichkeit »rechts«.

Das anschließende Experiment ist viel interessanter, wenn man zuvor einen eigenen Standpunkt eingenommen hat. In dieser Übung wird dieser sogar räumlich eingenommen. Einigen Schülern fällt die Entscheidung schwer. Diese können sich von jeder Gruppe zwei Argumente anhören und sich dann entscheiden.

Je nach Gruppe kann man noch einen Schritt weitergehen: Wir stellen uns vor, dass ein solches Experiment sehr teuer und aufwendig wäre. Wir wollen versuchen, ob wir eine Lösung durch reines Nachdenken finden können. Es wird also diskutiert und zwar mit dem Ziel, dass alle am Schluss auf einer Seite stehen. Damit die Diskussion der Reihe nach geht, gibt es zwei Regeln:

1. Es darf immer nur einer sprechen, und zwar der, der einen vereinbarten Gegenstand (Redestab) in der Hand hält, vielleicht ein Stück Papier, aus dem eine Turbine gebaut werden soll. Es dürfen auch Fragen an die Gruppe gestellt werden.
2. Jeder darf zu jedem Zeitpunkt (schweigend) die Seite wechseln.

Weiterführende Literatur
Kramer, Martin: Schule ist Theater. Schneider-Hohengehren: Esslingen 2008.

Diese Diskussionsmethode lässt sich natürlich auf die unterschiedlichsten Themen anwenden. Es ist als Zuschauer ungemein spannend, mitzuerleben, welches Argument wen überzeugt. Man ist mitunter überrascht, wie und was Kinder denken können. Wichtig bei dieser Übung ist die klare Einhaltung der Regeln. Und der Lehrer sollte sich möglichst einen unauffälligen Ort suchen, sonst sprechen die Schüler wie gewohnt zu ihm und nicht zu der »Partei«, die sie überzeugen wollen. Der Leser, der einen tieferen Einblick in theatral-didaktische Methoden wie die gerade vorgestellte gewinnen möchte, sei auf mein Buch »Schule ist Theater« verwiesen.

Bauanleitung

Ein Quadrat wird aus einem DIN-A4-Blatt ausgeschnitten. Zuerst wird die Diagonale gefaltet, sodass ein Quadrat mit einer handbreiten Kantenlänge entsteht.

Die zweite Diagonale wird gefaltet: Die beiden Seiten werden aufeinandergefaltet, sodass ein zweites Kreuz entsteht. Dann werden die einzelnen Turbinenblätter entlang der Faltungen eingeschnitten. Insgesamt gibt es acht Einschnitte: vier von den Seitenmitten ausgehend und vier von den Ecken. Achtung: Es darf nicht bis ganz zur Mitte hin geschnitten werden, sonst fällt die Turbine auseinander. Die Schnitte enden deswegen etwa zwei Kinderfinger breit vom Mittelpunkt der Turbine.

Jetzt werden die einzelnen Turbinenblätter mithilfe von Knicken in Form gebracht. Für die Kinder ist das gar nicht so einfach: Sie knicken häufig abwechselnd ein Blatt nach links und das nächste nach rechts. Es müssen aber alle Turbinenschaufeln auf derselben Seite nach unten gefaltet werden.

Am besten fängt man an einem Einschnitt an, dreht nach dem Knicken die Turbine im Uhrzeigersinn weiter und wiederholt die Bewegung auf diese Weise achtmal. Dann wird das Ganze auf einen spitzen Bleistift gesetzt. Es ist hilfreich, wenn man noch einmal die Diagonalen nachknifft, sodass eine Art flache Pyramide entsteht. Damit liegt der Schwerpunkt der Turbine etwas tiefer, und sie fällt nicht so leicht herunter.

Eine Turbine 79

Ein Kompass für einen halben Cent – Orientierung auf der Ballonfahrt

Material
- eine Büroklammer
- Kreppband
- ein Dauermagnet

Was kostet der günstigste Kompass der Welt? Bevor wir uns den Kosten zuwenden, überlegen wir, was der Kompass leisten muss: Norden anzeigen. Falls vorhanden, kann der Lehrer einen typischen Kompass zeigen, den sich der Ballonfahrer (vgl. S. 65 ff.) wünscht, um die Orientierung auf seiner Fahrt zu behalten.

Die Schüler versuchen, die Kosten für einen selbst gebauten Kompass zu schätzen. Jeder liegt mit seiner Vermutung zu hoch. Also formuliere ich zugespitzt: Wer kann sich vorstellen, dass man einen Kompass für einen halben Cent bauen kann, der in einem Heißluftballon oder im Klassenzimmer funktioniert? Und wie sollte ein solcher Kompass aussehen?

Bauanleitung

Aus einer Büroklammer, etwas Kreppband, einem Haar und einem Magneten lässt sich ein funktionsfähiger Kompass bauen. Die Büroklammer wird aufgebogen und quer über einen Streifen Kreppband gelegt. Senkrecht zum Draht wird mittig ein Haar angeklebt. Dann wird das Kreppband zugeklappt und mit einem grünen S für den Südpol und einem roten N für den Nordpol beschriftet.

Jetzt fehlt nur noch die Magnetisierung der Kompassnadel. Dafür hält man den beschrifteten Draht mit dem Nordpol nach oben und streicht mehrmals mit dem Nordpol eines Dauermagneten vom südlichen zum nördlichen Drahtende. Achtung: Hin- und Herfahren bringt nichts. Man kann die Magnetisierung testen, indem man versucht, mit dem Draht eine Büroklammer hochzuheben. Gelingt das, ist die Kompassnadel ausreichend magnetisiert.

Hält man nach erfolgreicher Magnetisierung den Kompass an dem Haar, pendelt er sich in Richtung Norden ein.

Die Aufhängung ist sehr empfindlich, sodass das schwache Erdmagnetfeld zur Ausrichtung bereits ausreicht. Man kann sich von der Empfindlichkeit überzeugen, indem man z. B. den Nordpol einer aufgehängten Kompassnadel mit einem weiteren Nordpol verfolgt.

Der Traum vom Fliegen

Ein Kompass für einen halben Cent

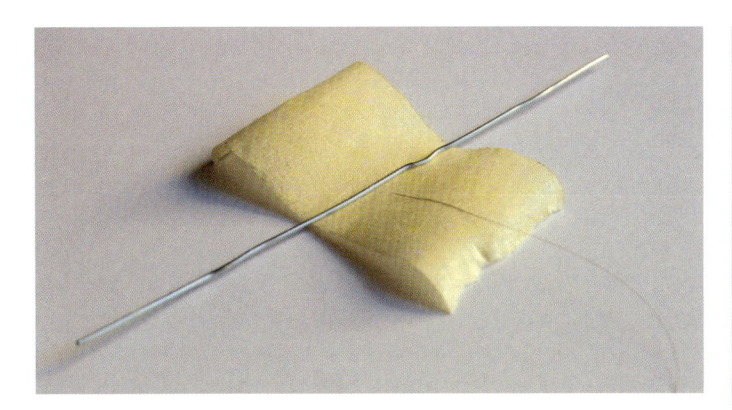

Luft ist etwas

Material
- ein Spielzeugmotorrad
- Seifenblasenmaschine oder für jeden Schüler ein Seifenblasenröhrchen

Luft ist unsichtbar. Vielleicht wird sie deswegen häufig »übersehen«. Schätzen Sie einmal, wie viel Masse an Luft in einem Klassenzimmer ist! Ist es in etwa so viel wie ein Blatt Papier, oder entspricht die Menge einem feuchten Tafelschwamm oder einem ganzen Schulranzen? Vielleicht ist es auch viel mehr, etwa so viel wie ein Motorrad.

Dieselbe Frage wird im Unterricht gestellt: Wer sich entschieden hat, verschränkt die Arme. Gesprochen wird nicht. Jetzt legt der Lehrer in eine Raumecke ein Blatt Papier, in eine zweite einen feuchten Tafelschwamm, in die dritte kommt ein Schulranzen, und die vierte gehört schließlich dem Motorrad. Symbolisch kann ein Spielzeugmotorrad platziert werden. Nun geht jeder schweigend in seine Ecke. Jetzt werden

Ideen und Argumente über die Vermutungen ausgetauscht. Wer sich überzeugen lässt, darf seinen Standpunkt wechseln, vielleicht stehen schließlich sogar alle in derselben Ecke! Der Lehrer moderiert, hält sich aber inhaltlich aus der Diskussion heraus.

Die Auflösung verblüfft: Das Motorrad hat gewonnen. Ein Kubikmeter Luft hat die Masse von etwa einem Kilogramm. Bei einer Breite des Klassenzimmers von zehn Metern, einer Länge von zehn Metern und einer Höhe von drei Metern ergeben sich 300 Kilogramm. Das ist ein ganz schön schweres Motorrad.

Luft ist unsichtbar. Ich erinnere mich noch an meine Pilotenausbildung als Gleitschirmflieger. Unser Fluglehrer meinte, es sei gut, dass man die Luft nicht sieht, sonst würde keiner mehr losfliegen wollen. Wenn man die ganzen Luftströmungen und Turbulenzen sehen könnte, hätte man vermutlich zu viel Angst. Die Luft um uns gleiche einem Wildwasserfluss …

Nach dieser Geschichte wollen die Kinder diese unsichtbaren Luftströmungen sehen. Und tatsächlich lassen sie sich mit Seifenblasen zeigen. Die Seifenblasen haben fast keine Masse und werden bereits von einem Windhauch mitgenommen. Wenn wir die Flugbahnen vieler Seifenblasen beobachten, können wir auf die Luftströmung schließen.

Um die Seifenblasen zu erzeugen, kann man eine kleine Seifenblasenmaschine kaufen oder leihen (www.pustefix.de) und dann die Seifenblasen aus einem oberen Fenster kommen lassen. Oder die Schüler verteilen sich mit je einem Röhrchen in der Hand auf dem Schulhof.

Schwerer als Luft

Ein Flugzeug fliegt, obwohl es schwerer als Luft ist – es hat eine höhere Dichte. Bisher sind wir nur durch die Luft geschwebt bzw. mit einem Heißluftballon durch die Luft gefahren. Wirklich »fliegen« bedeutet den Flug eines Luftfahrzeuges, das schwerer als Luft ist, z. B. eines Hubschraubers, eines Flugzeugs, eines Gleitschirms oder eines Drachens.

Ein Heißluftballon »fällt« vom Himmel herunter, sobald er schwerer als die umgebende Luft ist. Aber warum fällt nicht auch ein Papierflieger sofort herunter, sondern gleitet erstaunlich lange? Hierzu gibt es einen einfachen Versuch: Ein DIN-A4-Blatt wird, wie in der Abbildung auf S. 84 gezeigt, überblasen. Es entsteht an der oberen Fläche eine Sogwirkung, das Blatt wird nach oben gezogen.

Das ist das Prinzip des Fliegens. Wir können uns das Papier als Querschnitt eines Flugzeugflügels vorstellen. Oben strömt die Luft schnell vorbei, auf der Unterseite ruht sie. Das mutet etwas seltsam an: Man könnte ja meinen, dass sich auf der Oberseite, wo geblasen wird, ein größerer Druck aufbaut. Aber das Experiment zeigt deutlich, dass es sich gerade andersherum verhält: Weil die Luft oben schneller fließt als unten, entsteht oben ein Unterdruck, der das Blatt nach oben zieht.

Material für jeden Schüler
- Papier
- Knickstrohhalm
- kleiner Luftballon (Wasserbombe)

Spektakulärer als ein DIN-A4-Blatt, das sich durch eine Luftströmung der Anziehungskraft der Erde widersetzt, ist der erlebte Magnus-Effekt: Ein sehr kleiner Luftballon (Wasserbombe) wird aufgeblasen und verknotet. Dann wird durch einen Trinkhalm, der wie eine Pfeife in den Mund gesteckt ist, ganz *langsam und gleichmäßig* ausgeatmet. Wird die aufgeblasene Wasserbombe in den nach oben gerichteten Luftstrahl gehalten und losgelassen, fällt sie nicht, wie vielleicht erwartet, herunter, sondern beginnt zu tanzen.

Mit etwas Übung geht es auch ohne einen Trinkhalm, und mit noch mehr Übung kann man zwischen den Atemzügen auch noch Luft holen.

Wenn man schließlich keine Puste mehr hat, kann man auch einen Haartrockner und einen gewöhnlichen Luftballon verwenden.

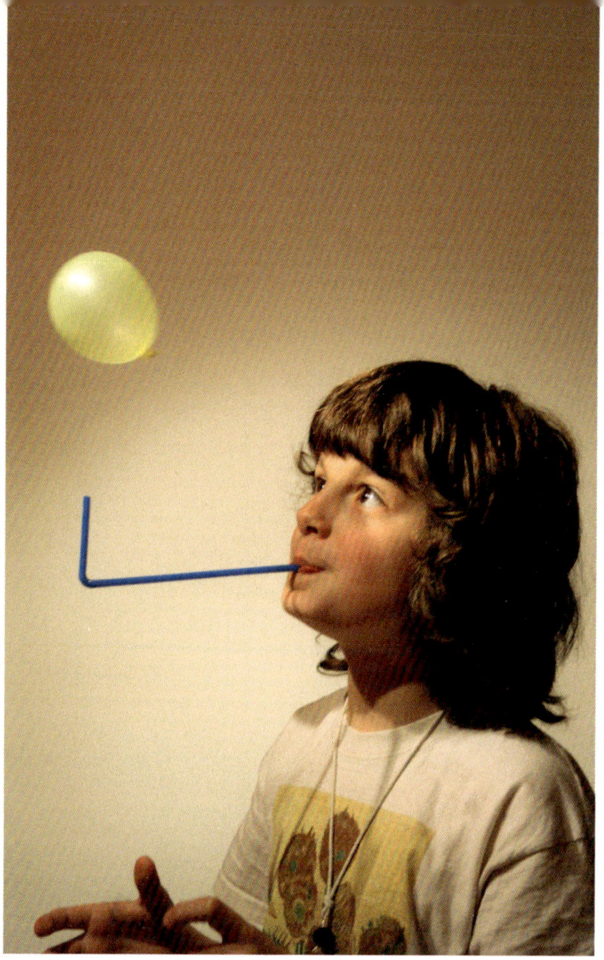

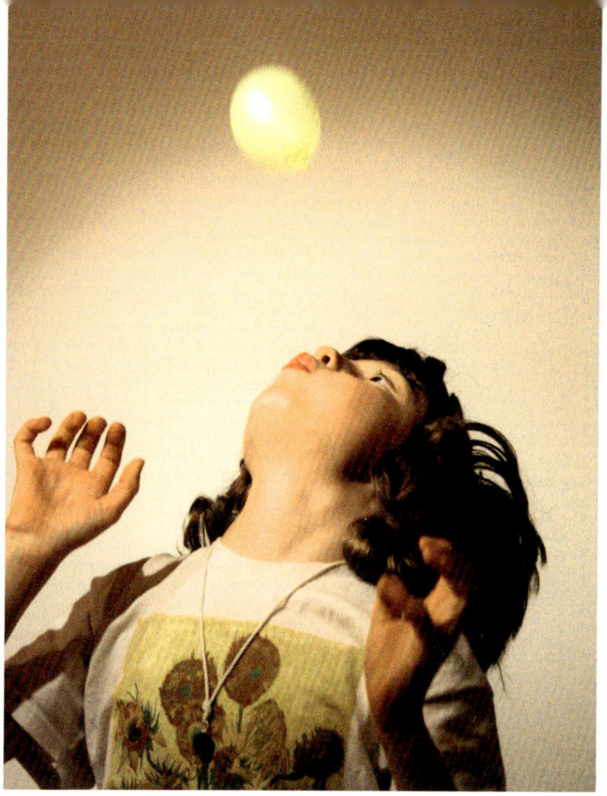

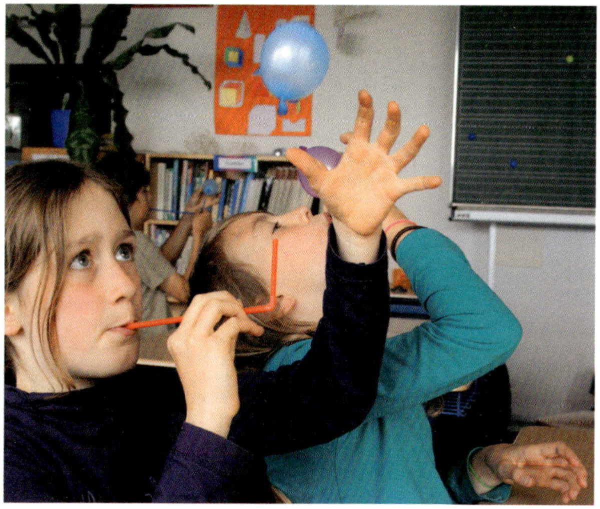

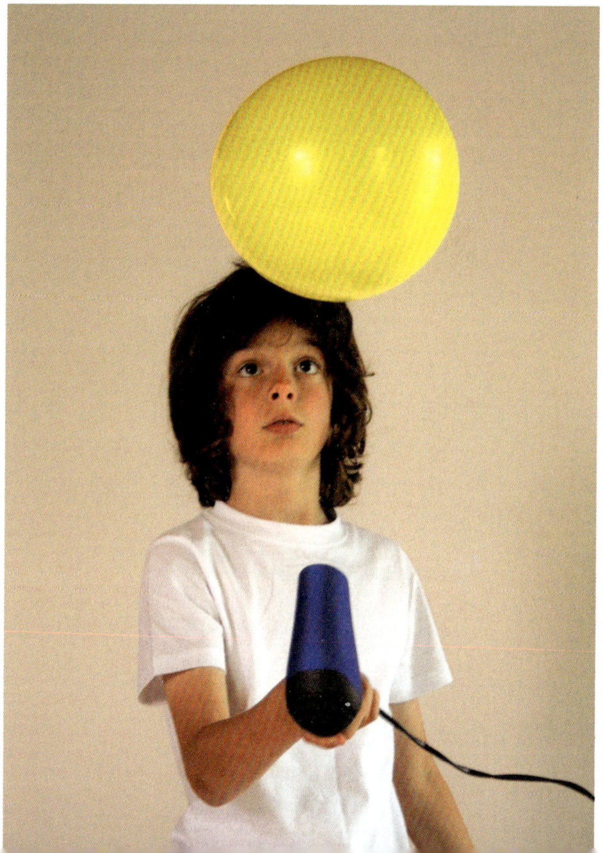

Papierflieger falten und kontrollieren

Material
- Papier
- Schere

Je mehr wir verstehen, desto mehr Freude empfinden wir an den Dingen. So ist ein Papierflieger eine tolle Sache, aber richtig gut wird es doch, wenn wir verstehen, warum er gleitet oder abstürzt, warum er nach links oder nach rechts fliegt! Dann können wir den Flug beeinflussen. Der Flieger ist jetzt kein Zufallsprodukt mehr, er fliegt im Idealfall so, wie wir es wollen.

Prinzipiell kann man jeden Flieger trimmen, d. h. durch leichtes Knicken und Biegen so in Form bringen, dass das gewünschte Flugergebnis erzielt wird. Hier wird *Der-mit-den-Klappen* aus zwei Gründen vorgestellt: Erstens hat dieser Flieger eine sehr stabile Schnauze, und zweitens kann man mithilfe der Klappen leicht das Flugverhalten einstellen. Leider benötigt man für den Fliegerbau eine Schere, und das gehört bei Papierfliegerpuristen nicht zum guten Ton. Die wenigen Schnitte sind der Didaktik geschuldet … Geeignet ist *Der-mit-den-Klappen* für Schüler der vierten Klasse.

Faltung

Methodischer Hinweis: Das Falten eines Fliegers ist anspruchsvoll. Wenn ich früher diesen oder andere Flieger mit Schülern falten wollte, gab es stets ein Durcheinander – bis ich auf jede verbale Kommunikation verzichtete. Auf den ersten Blick scheint das Falten ohne gesprochene Worte des Lehrers schwieriger zu sein, tatsächlich ist die Stille ein Segen für Lehrer und Schüler. Das schweigende Falten erlebe ich seitdem wieder und wieder als eine der intensivsten Konzentrationsübungen.

Im Folgenden wird also kein Wort gesprochen, Informationen werden nur nonverbal ausgetauscht. Der Lehrer faltet einen Schritt, die Schüler falten nach. Wer fertig ist, schaut nach seinem Nachbarn und hilft gegebenenfalls. Das gilt vor allem für den Lehrer. Sie können es testen: Sobald Sie sprechen, beginnen die Schüler, es Ihnen nachzumachen, und bald ist die Stille dahin.

Die ersten Schritte erklärt die Bildfolge rechts. Wie man im letzten Bild sieht, entsteht oben auf jeder Seite eine Lasche. Für den nächsten Schritt (S. 88) können die Kinder immer noch schweigend und ohne ihren Flieger zum Lehrer kommen.

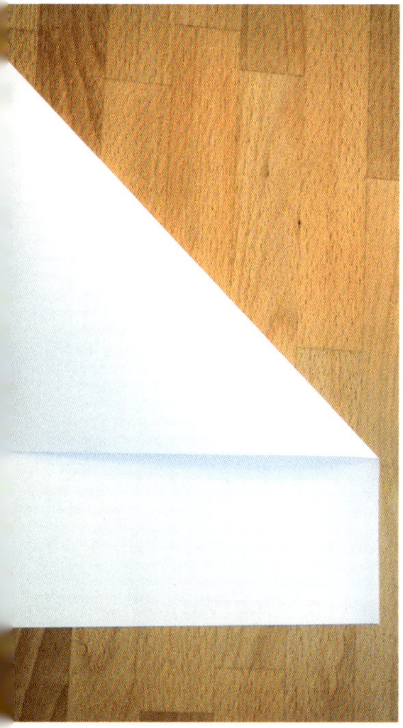
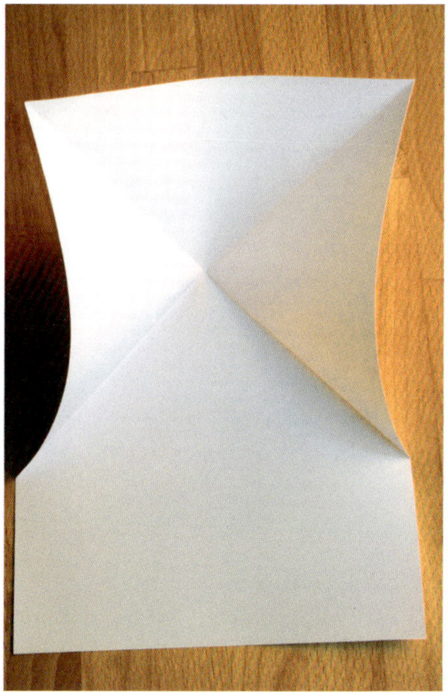
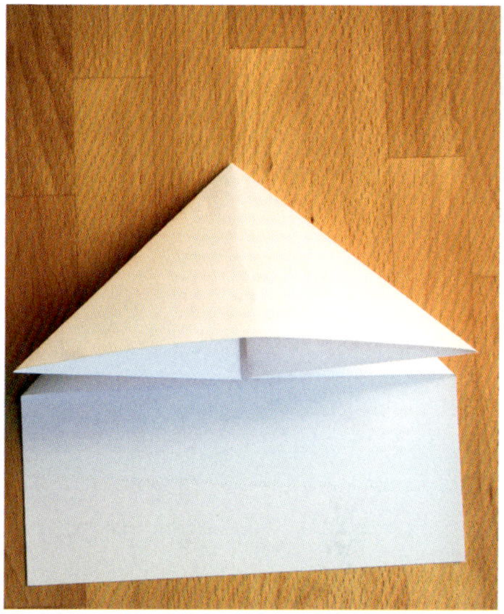
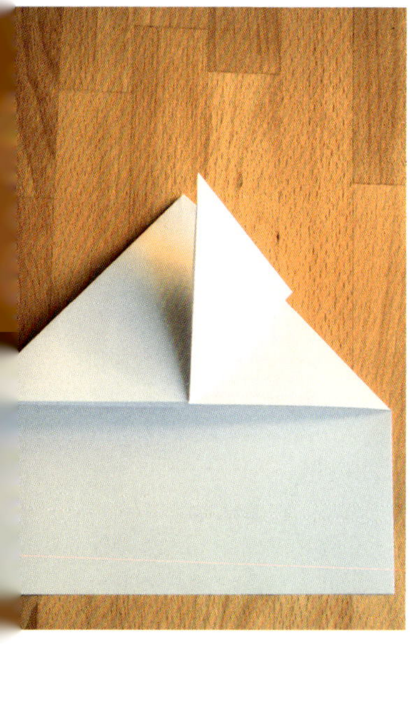
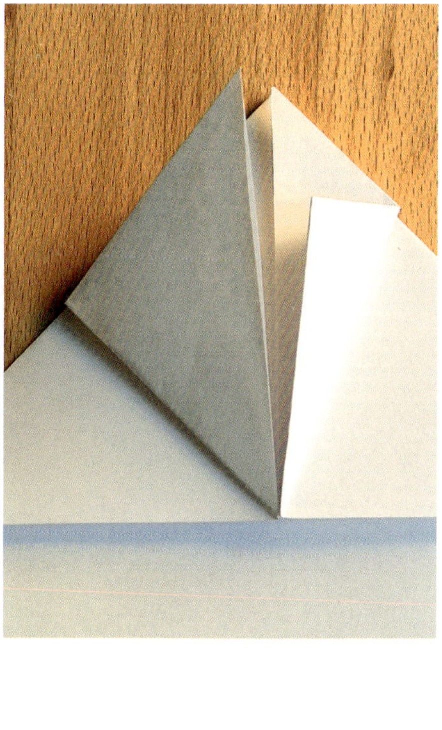
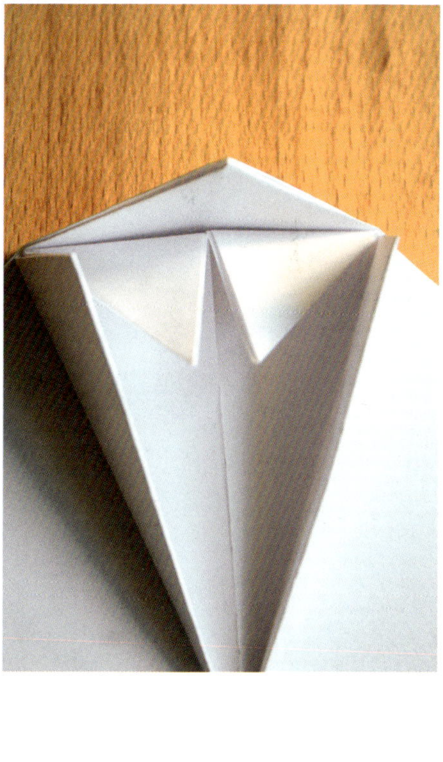

Es ist ein bisschen knifflig, die Ecken in die Taschen zu bekommen:

Mit einem Klebefilm lässt sich die letzte Konstruktion notfalls umgehen. Es geht weiter mit dem Steg, dem folgen Seitenstabilisatoren und die Steuerklappen (im Uhrzeigersinn).

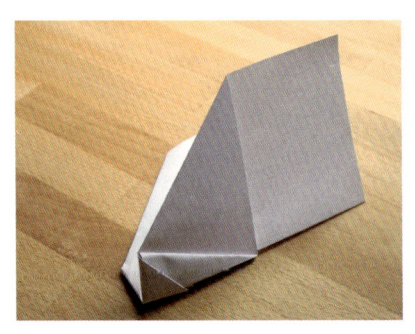

Schließlich schreibt jeder noch seinen Namen auf den Flieger, damit es während des Forschens über das Flugverhalten nicht zu Verwechslungen kommt.

Trimmung

Das Flugverhalten eines Papierfliegers hängt erstens von der Art der Abwurfes (beginnende Flugphase) und zweitens von seiner Trimmung (entscheidend für die Gleitphase) ab.

Es ist wichtig, dass der Flieger stets gleich geworfen wird: Die Flügel sollten waagerecht ausgerichtet sein und die Nase leicht (etwa 10 Grad) nach unten neigen. Der Flieger wird eigentlich nicht »geworfen«, sondern nur auf seine eigene Gleitgeschwindigkeit gebracht und dann losgelassen.

Die erste Aufgabe besteht darin, den Flieger so zu trimmen, also mit den Steuerklappen so einzustellen, dass er gerade und sanft nach unten gleitet. Die Schüler können das im Prinzip selbst herausfinden, einige benötigen jedoch einen Tipp. Je nach Klasse können Sie auch zuerst die Wirkung der Klappen erklären. Es beeindruckt, wenn die Schüler zu Ihnen kommen und behaupten, *ihr* Flugzeug könne nicht fliegen. Es macht Spaß, gemeinsam das Flugverhalten zu analysieren, die Klappen entsprechend zu verändern und daraufhin den Flug zu beobachten. Wenn ein Flieger nicht fliegen will, liegt das fast immer an der Trimmung.

Linkskurve oder Rechtskurve?

Es ist dasselbe Prinzip wie beim Schlittenfahren. Bremst man mit dem Fuß auf der rechten Seite, wird der Schlitten auf dieser Seite langsamer, und es geht nach rechts. Beim Flieger ist es genauso: Stellen wir die rechte Steuerklappe nach oben, wird er durch die darüberstreichende Luft auf dieser Seite abgebremst und geht so in eine Rechtskurve. Entsprechend lässt sich eine Linkskurve einstellen.

Sanftes Gleiten statt Abstürzen oder Nicken

Werden die Klappen nach unten gestellt, wird die Nase nach unten gedrückt, und der Flieger stürzt ab. Wenn die Klappen zu weit nach oben zeigen, entsteht eine Nickbewegung. Statt sanft zu gleiten, geht der Flieger in einer nickenden Bewegung nach unten, die sich so erklären lässt: Da die Klappen nach oben gestellt sind, wird der Flieger von der darüberstreichenden Luft im hinteren Teil nach unten gedrückt, die Nase zeigt also nach oben, und der Flieger steigt. Irgendwann wird seine Geschwindigkeit so langsam, dass es zum Strömungsabriss kommt: Er stürzt ab! Falls er noch genügend Flughöhe besitzt, nimmt er während seines Sturzes wieder Geschwindigkeit auf, die Klappeneinstellung sorgt dafür, dass die Nase wieder nach oben gerichtet wird, und zwar so lange, bis es erneut zum Strömungsabriss kommt und sich das Spiel wiederholt.

Der Flieger landet

Das Forschen über das Flugverhalten wird mit einem Versuch beendet: Jeder Schüler steigt mit seinem Flieger auf einen Stuhl. Nacheinander sagt jeder die Flugbahn seines Fliegers voraus und wirft ihn. Damit steht jeder Pilot mit seinem Flieger einmal im Mittelpunkt. Die Flieger werden erst zum Schluss eingesammelt. Es ist eine schwirige Übung. Als Lehrer sollte man jede Vorhersage loben, auch wenn der Flieger letztendlich ganz woanders landet. Alternativ können alle Schüler von derselben Stelle aus werfen, um festzustellen, welcher am weitesten kommt.

Hubschrauber

Weiterführende Literatur
Kopiervorlagen für Hubschrauber gibt es als kostenlosen Download unter www.beltz.de.

Die vorherige Übung ist recht anspruchsvoll, sowohl was das Falten als auch das Erforschen des Flugverhaltens betrifft. Für jüngere Schüler (Klasse 1 und 2) ist der Bau eines Hubschraubers besser geeignet.

Hier die Faltvorlage. Gestrichelte Linien werden gefaltet, durchgezogene Linien geschnitten. Die drei kleinen Rechtecke (in der Vorlage auf der rechten Seite) werden zur Seite weggefaltet.

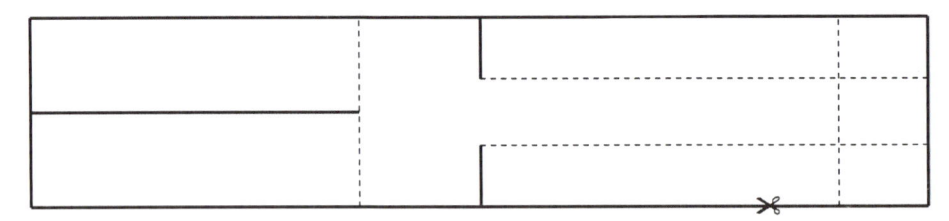

Das Ergebnis sieht so aus:

Jetzt kann über den Hubschrauber geforscht werden: Welche Abmessungen und welches Papier sind am besten, sodass er möglichst lange in der Luft bleibt? Ich erinnere mich noch an meine Schulzeit, als wir diese Flieger aus Butterbrotpapier herstellten und aus dem Fenster fliegen ließen. An manchen Tagen war an der dunklen Schulhauswand die Thermik so stark, dass wir die Flieger beschweren mussten, damit sie nicht vom Aufwind nach oben getragen wurden – über das Schulhaus hinweg.

Erweiterung

Nimmt man weißes Papier, kann man die Flügel mit unterschiedlichen Farben bemalen. Farben lassen sich auf diese Weise (additiv) mischen.

Raketenpost

Bei allen bisherigen Versuchen, den Erdboden zu verlassen, haben wir die umgebende Luft benötigt. Der Heißluftballon hat Luft verdrängt, um zu steigen; der Flieger hat sich in gewisser Weise von der Luft abgedrückt. Auch Luftschiffe und Hubschrauber könnten ohne Luft den Erdboden nicht verlassen. Wenn wir zu den Sternen fliegen wollen, benötigen wir ein Prinzip, das auch ohne Luft funktioniert, dort, wo es nichts mehr zum Festhalten gibt: im Weltraum.

Was sich kompliziert anhört, ist recht einfach: Stellen Sie sich vor, Sie befinden sich in einem Boot auf einem See und haben die Ruder verloren. Wenn Sie jetzt Ihren Rucksack von sich schleudern, bewegen Sie sich mitsamt Boot in genau die entgegengesetzte Richtung. Sie stoßen sich an Ihrem Rucksack ab. Je mehr Masse Ihr Rucksack besitzt und je schneller Sie ihn von sich schleudern, desto größer ist der Rückstoß, mit dem Sie sich fortbewegen. Wenn Sie Ihren Rucksack nicht ins Wasser werfen wollen, können Sie auch etwas anderes wegschleudern, vorausgesetzt, Sie haben etwas anderes mitgenommen, z. B. ein paar Stcine. Noch besser ist es, wenn Sie eine Vorrichtung bauen, die die Steine sehr schnell wegschleudert, vielleicht eine Art Steinkanone. Das wäre effektiver – und das ist auch die Idee des Raketenantriebes. Größter Unterschied: Raketen schleudern Abgase statt Steinen. Die bei der Verbrennung entstandenen Gase erreichen Geschwindigkeiten von mehreren Tausend Stundenkilometern.

Es ist interessant, darüber nachzudenken, warum Raketen abheben. Aber man muss es den Schülern nicht unbedingt beibringen. Manche Freude geht im »Verschulen« unter. Häufig beginnen die Schüler von selbst zu fragen. Dann ist es gut. Es ist auch schon sehr viel gewonnen, wenn die Kinder erkennen, dass Raketenpost und Streichholzrakete auf demselben Prinzip beruhen.

Umsetzung

Material für jede Dreiergruppe
- ein Plastikstrohhalm
- einige Meter Nylonfaden (möglichst dick)
- Kreppband
- ein Luftballon
- eine Wäscheklammer

Wir blasen einen Luftballon auf und lassen ihn fliegen. Die ausströmende Luft erzeugt einen Rückstoß, sodass der Luftballon genau in die entgegengesetzte Richtung fliegt. Er geht ab wie eine Rakete, allerdings völlig unkoordiniert.

Mit einfachen Mitteln lässt sich eine gerade fliegende Rakete bauen – die Raketenpost.
    Der Ballon folgt dabei der Nylonschnur. Dünne Nylonfäden schneiden in die Finger. Mit einem dicken Faden sinkt außerdem die Verletzungsgefahr, weil dieser schlicht besser gesehen wird.

Es werden Gruppen mit mindestens drei Schülern gebildet. Zwei halten später die Schnur gespannt, einer startet die Raketenpost. Experimentiert wird im Klassenzimmer und auf dem Gang. Wenn kein Wind weht, bietet der Schulhof viel Platz für Raketenbahnen. Wenn nur ein Kind pro Gruppe das ganze Material besorgt, gestaltet sich die Materialausgabe einfacher.

Bauanleitung

Der Ballon wird aufgeblasen und mit der Wäscheklammer verschlossen (oder einfach zugehalten). Das Röhrchen wird auf die Nylonschnur aufgefädelt und mit einem Stück Kreppband in der Mitte des aufgeblasenen Ballons befestigt.
Schließlich wird die Schnur gespannt und die Raketenpost gestartet.

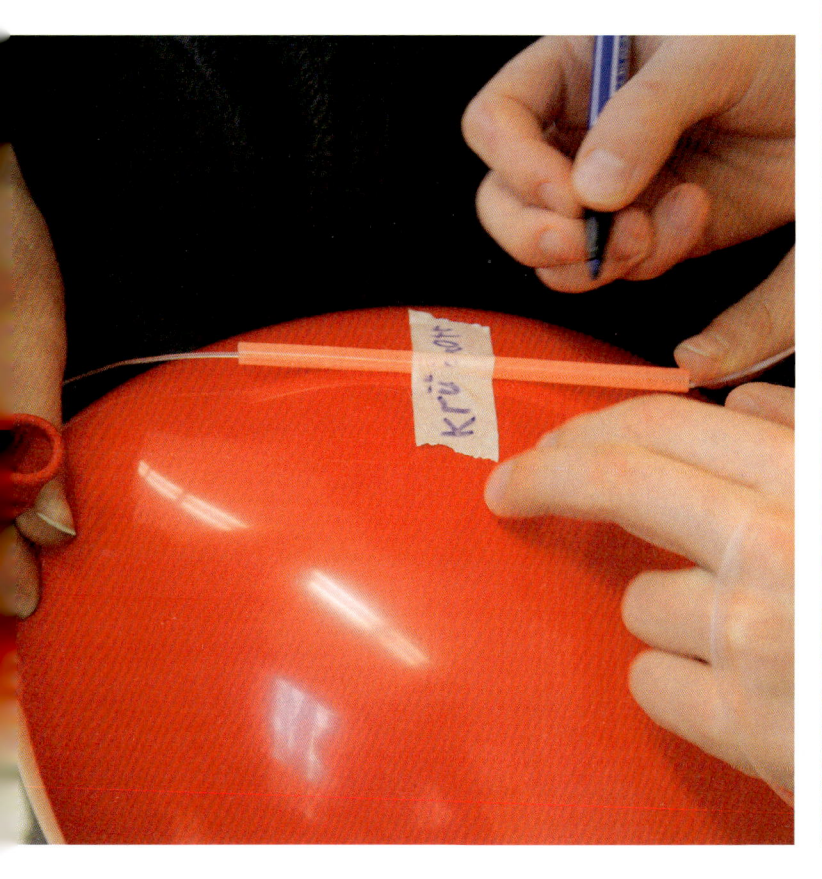

Raketenpost 93

Die Streichholzrakete

Material für jede Gruppe von vier Schülern
- eine Schachtel Streichhölzer
- einige Büroklammern
- ein größeres Stück Alu-Folie
- eine Schere
- ein Gasfeuerzeug

Aus einem Streichholz, zwei Büroklammern und etwas Alufolie lässt sich eine Rakete mit einer Reichweite von mehreren Metern bauen.

Es ist faszinierend. Ganze Nachmittage lagen mein Junge und ich auf dem Boden und haben Streichholzraketen gebaut, abgefeuert und immer weiter perfektioniert.

Es ist das gleiche Prinzip wie beim Luftballon, jedoch wird der Schub statt mit ausströmender Luft durch die Abgase des Streichholzes erzeugt. Durch die Explosion des Zündkopfes erreichen die Abgase eine weit höhere Geschwindigkeit als die ausströmende Luft des Ballons. Dadurch fliegt die Rakete trotz ihres minimalen Treibstoffes (ein Zündkopf) erstaunlich weit. Auch wenn man es sich bei den ersten Versuchen nicht vorstellen kann, werden Flugweiten von weit über einem Meter erreicht, was für eine so winzige Rakete mehr als passabel ist.

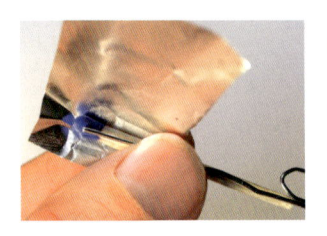

Bauanleitung

Eine Büroklammer wird aufgebogen und neben das Streichholz an ein Aluminiumfolienstück (etwa 2,5 cm × 6 cm) gelegt, das später den Abgaskanal ergibt. Der Klammerdraht sollte mit dem Zündkopf enden, der vom Folienrand einen knappen Zentimeter entfernt ist (siehe Abbildung links).

Nun werden Streichholz und Draht möglichst fest eingewickelt, das überstehende Ende wird auf der Zündkopfseite nach hinten über den Draht geklappt. Je besser die Alufolie anliegt, desto weiter fliegt die Rakete. Also stramm wickeln, aber so, dass der Draht kein Loch in den Aluminiummantel reißt.

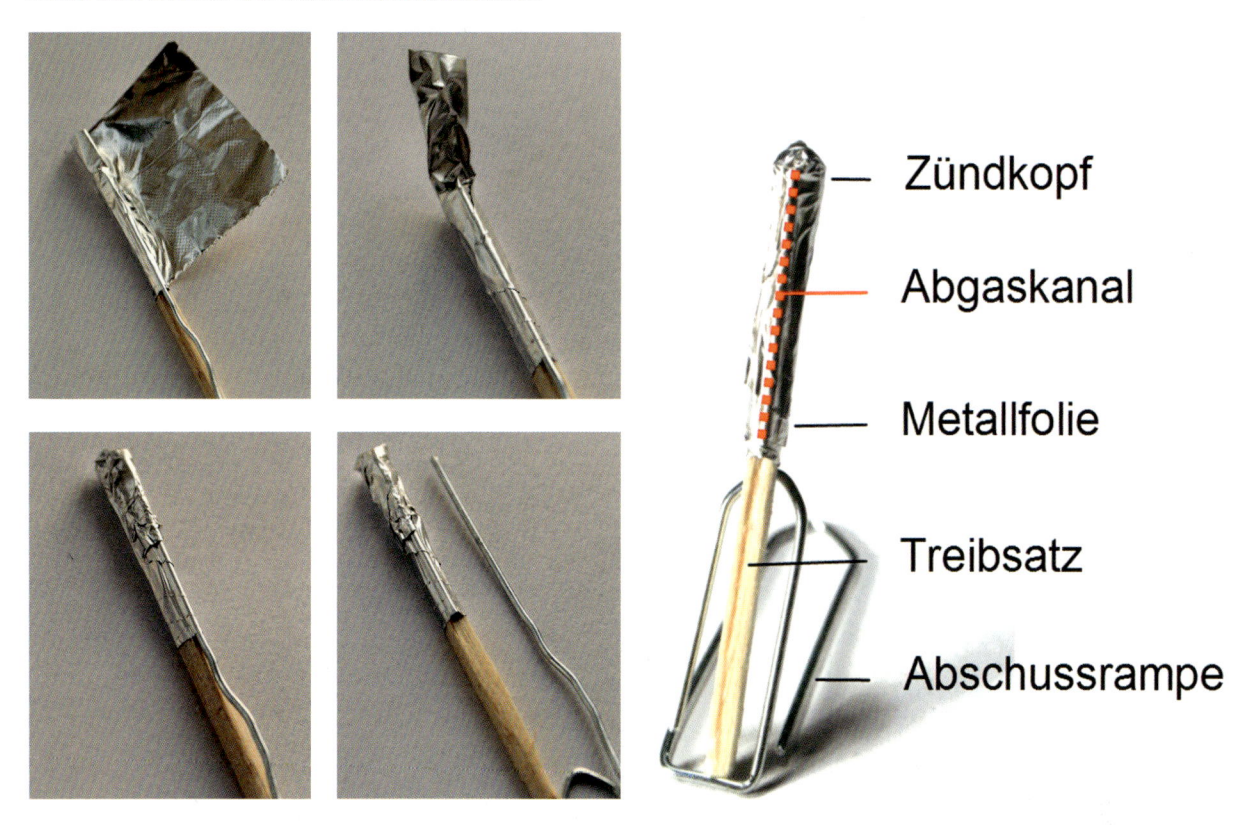

- Zündkopf
- Abgaskanal
- Metallfolie
- Treibsatz
- Abschussrampe

Schließlich wird der Draht aus dem Abgaskanal herausgezogen und aus einer weiteren Büroklammer die Startrampe gebogen.

Zum Zünden wird eine Flamme einige Sekunden unter den Zündkopf gehalten.

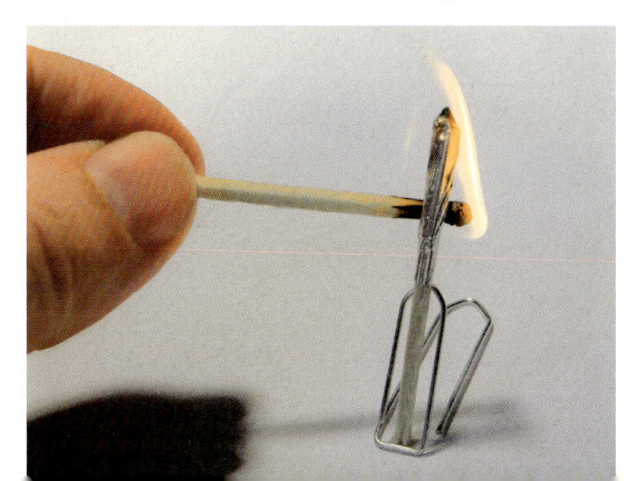

Die Streichholzrakete

Eine Unterlage verhindert eventuelle Brandflecke, die durch den heißen Abgasstrahl entstehen können. Feuerfeste Keramik ist sicherlich sinnvoll, aber ein Stück Papier tut's auch …

Umsetzung

Es werden kleine Forschergruppen (etwa vier Schüler) gebildet. Nur einer in der Gruppe holt das Material, ansonsten gibt's ein Durcheinander: eine Schachtel Streichhölzer, eine Schere, einige Büroklammern, ein größeres Stück Alufolie und ein Gasfeuerzeug.

Obwohl die Rakete aus nur drei Elementen besteht, ist es gar nicht so einfach, einen erfolgreichen Start hinzubekommen: Der Bau einer Rakete ist Ingenieursarbeit.

Prinzipiell ist jedem klar, wie die Rakete funktioniert. Aber es hängt von vielen Parametern ab, ob die Rakete wirklich abhebt und wie weit sie fliegt. Wichtig sind die Menge an verbauter Alufolie, die Streichholzart (gut ist z. B. die Marke »Ja«), der Abschusswinkel der Startrampe und die Länge des Abgaskanals.

Natürlich könnte man, wie in der Anleitung gezeigt, mit einem Streichholz zünden, aber die Aufmerksamkeit konzentriert sich auf die einzelnen Raketenstarts, wenn nur ein Gasfeuerzeug zur Zündung vorhanden ist.

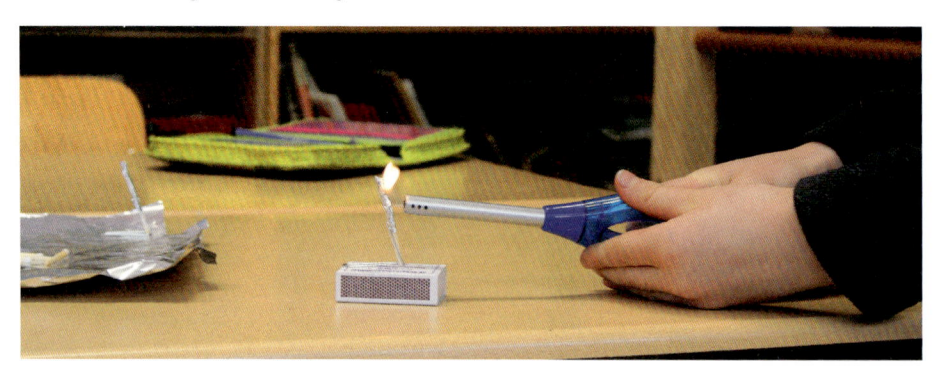

Die Zündung mit dem Streichholz ist auch aus einem anderen Grund nicht so gut: Wenn die Kinder erschrecken, dann liegt ein brennendes Streichholz auf dem Boden, während die Flamme eines Gasfeuerzeuges beim Loslassen sofort erlischt. Und wenn der Start gelingt, schauen die Ingenieure fasziniert ihrer Rakete hinterher und verbrennen sich dabei die Finger.

Brücken, Druckwasserleitungen und Kettenreaktionen

»Ich habe eine Anleitung zur Konstruktion sehr leichter und leicht transportabler Brücken, mit denen der Feind verfolgt und in die Flucht geschlagen werden kann.«
Leonardo da Vinci um 1483 an seinen späteren Dienstherrn Ludovico da Sforza

Brücke von Leonardo

Material für jede Gruppe von zwei bis drei Schülern
- ein blaues DIN-A4-Blatt
- eine Schachtel lange Streichhölzer (15 cm)

Über einen Fluss (blaues Papier) soll eine Brücke gebaut werden. Dazu gibt es keine Hilfsmittel, wie etwa Schnur oder Klebstoff. Nur mit langen Streichhölzern soll der Übergang gebaut werden.

Je länger die Hölzer sind, desto besser. Hier wurden 15 cm lange Hölzer verwendet und die Flussbreite durch die Längsseite des DIN-A4-Papiers markiert. Falls Sie nur etwas kürzere Hölzer zur Hand haben, wird das Papier um 90 Grad gedreht und der Fluss entsprechend quer überspannt.

Umsetzung im Unterricht

Sicherheitshölzer lassen sich nur mit den dafür vorgesehenen Reibflächen anzünden. Deswegen heißen sie Sicherheitshölzer. Durch Zufall kann keines angehen. Also kein Feuer im Unterricht!

Die Kinder gehen zu zweit oder zu dritt zusammen. Jede Gruppe erhält ein (blaues) Blatt, das den Fluss darstellt, und eine Schachtel Streichhölzer. Es soll eine Brücke für eine Ameise gebaut werden. Es reicht also, wenn ein kleines Tier trockenen Fußes das Wasser queren kann.

Die Schüler finden unterschiedliche Lösungen, häufig mittels einer Materialschlacht: Viele Hölzer dienen nicht zur Konstruktion, sondern werden als Gegengewicht eingesetzt.

Man beachte, wie durch die (theatrale) Vorstellung einer überquerenden Ameise implizit Regeln eingeführt werden: Das Papier ist ein Fluss, also darf kein Hölzchen im Wasser stehen. Die Anforderungen an die Brücke werden auf diese Weise sehr einfach beschrieben. So muss die Brücke praktisch keine Belastung aushalten, und es reicht, wenn sich Hölzer über dem Wasser berühren. Es ist eine gute Sache, Regeln implizit durch ein Bild oder einer Geschichte einzuführen. Sie hätten auch erzählen können, dass die Metallträger (Streichhölzer) bei der Berührung mit Wasser schnell zu rosten beginnen und darum keinen Kontakt zum Fluss haben dürfen. Es ist viel langweiliger (und auch schwieriger zu vermitteln), wenn die Vorgaben für den Brückenbau nicht mit einer passenden Geschichte erfolgen.

Am besten bauen Sie die Brücke auf dem Gang vor dem Klassenzimmer auf. Die Brücke kann ja nicht an den Platz mitgenommen werden, und so müssen sich die Schüler die Bauweise merken oder abzeichnen. Natürlich kann man ständig hin- und herlaufen, aber das will man nicht wirklich. Die Faulheit erzieht hier zum Denken, der Wunsch nach Wegersparnis erzieht zum genauen Beobachten. Die vom Lehrer aufgebaute Brücke erhält durch den Standort außerhalb des Klassenzimmers eine besondere Bedeutung. Im Klassenzimmer, z. B. in der Mitte des Raumes, wäre der Effekt längst nicht so beeindruckend.

Eine andere Möglichkeit ist es, den Schülern ein Foto von der Brücke zu geben. Es ist gar nicht so einfach, danach die Brücke aufzubauen. Versuchen Sie es selbst!

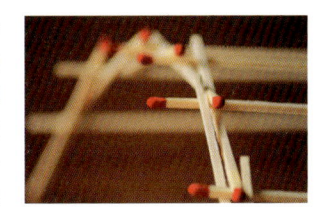

Brücke von Leonardo

Bauanleitung

Die kleinste Brücke besteht aus sechs Hölzern. Diese kann dann mit drei Hölzern erweitert werden, sodass ein etwas längerer Brückenbogen entsteht. Dieser Erweiterungsbau kann so lange wiederholt werden, bis die Brücke so wacklig wird, dass sie einstürzt. Es ist also auch eine Übung in der Feinmotorik.

Zwei Streichhölzer werden quer auf ein anderes gelegt. Im Bild sind die frisch gelegten Hölzer rot eingefärbt. Sie sind quasi noch »warm«. Der nächste Schritt ist selbsterklärend:

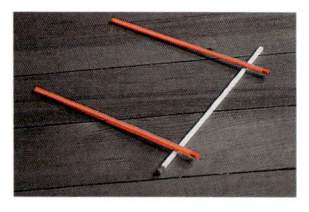

Jetzt wird das vordere Hölzchen angehoben, zwei weitere werden entsprechend der Abbildung verkantet. Das ist die kleinstmögliche Brücke.

Diese Brücke lässt sich mit drei weiteren Hölzern erweitern. Zuerst wird ein Holz vorn untergeschoben. Dann werden zwei Hölzer genau wie im Schritt davor entsprechend verkantet.

Der Anbau mit jeweils drei Hölzern kann so lange wiederholt werden, bis die ganze Konstruktion einstürzt.

Alternativen

Der Brückenbau mit Streichhölzern ist ganz gut für den schulischen Unterricht. Schöner ist es natürlich, wenn man die Brücke in groß nachbaut, und zwar so groß, dass man auch darüber gehen kann. Dachlatten eignen sich sehr gut, aber besser sieht es aus, wenn man Hölzer gleicher Größe sammelt und daraus die Brücke aufbaut.

Grenzen des Materials: Brücke aus Erbsen und Zahnstochern

Aus eingeweichten Erbsen und Zahnstochern soll eine Brücke gebaut werden. Um die Situation zu verdeutlichen, werden zwei Tische im Abstand von 70 Zentimetern aufgestellt. Die erste Idee ist vielleicht, Zahnstocher mit Erbsen zu einer langen Kette zu verbinden. Also immer abwechselnd Zahnstocher–Erbse–Zahnstocher–Erbse, bis die geforderte Länge erreicht ist. Aber das Ergebnis ist äußerst instabil. Falls die Konstruktion nicht von sich aus zusammenbricht, dann doch spätestens unter Belastung. Es geht also darum, eine stabile Konstruktion zu finden.

Einführung des Materials

Alle Kinder schließen die Augen. Wenn alles still ist, legt der Lehrer jedem Kind eine eingeweichte Erbse in die offene Hand. Jedes Kind rät nun schweigend für sich, was es in Händen hält. Danach folgt eine zweite Runde: Zahnstocher werden verteilt. Diese sind leichter zu erraten. Wer beide Gegenstände durch Riechen und Tasten herausgefunden hat, öffnet die Augen. Den Zahnstocher haben normalerweise alle Kinder erraten, die Erbse jedes zweite. Doch was macht man mit einer Erbse und einem Zahnstocher?

Nun, wir können den Zahnstocher in die Erbse stecken. Der Leser darf an dieser Stelle kurz innehalten und die Form der Verbindung würdigen:
- Es wird kein Kleber benötigt, die Verbindung hält unmittelbar.
- Die Verbindung ist erstaunlich stabil.
- Eine Erbse kann mit zahlreichen Zahnstochern verbunden werden.
- Es gibt keine bereits vorhandenen Löcher in den Erbsen, sodass keine Konstruktion implizit vorgegeben ist.
- Alles ist biologisch abbaubar.
- Ein Klassensatz ist extrem billig.

Material für eine Schulklasse
- 3 000 Zahnstocher
- eine halbe Tüte Erbsen (etwa acht Stunden im Kühlschrank in Wasser eingeweicht)
- einige Büroklammern
- Knetgummi
- eine digitale Küchenwaage

Wir halten also eine Art preisgünstiges Fischer- oder Legotechnik in den Händen. Der Lehrer baut vor den Schülern den kleinsten Körper auf, der sich mit ganzen Zahnstochern realisieren lässt. Hierzu wird zunächst aus drei Erbsen und drei Zahnstochern ein Dreieck gebaut. Mit einer weiteren Erbse und weiteren drei Zahnstochern wird daraus eine Pyramide, die aus vier gleichseitigen Dreiecken besteht, ein Tetraeder. Wir zeigen: Die Pyramide ist starr; unter starkem Druck verformt sie sich nicht, sondern bricht auseinander. Ein Würfel, also ein aus Quadraten gebauter Körper, lässt sich verbiegen. Der Tetraeder ist also die geeignete Form für stabile Konstruktionen.

Organisation

Jetzt werden Kleingruppen gebildet. Vier Konstrukteure pro Brücke geben ein gutes Team ab. Vor der Materialausgabe wird die Aufgabe präzisiert: Jede Gruppe soll eine Schlucht von 70 Zentimetern überbrücken. Die Konstruktion soll mindestens eine Minute lang das Gewicht von beispielsweise 20 Gramm aushalten. Hierzu formt man aus einer Büroklammer einen Haken und steckt dessen Rückseite in eine entsprechende Knetkugel. Die Gruppe bestimmt den Aufhängungsort an der Brücke. Allerdings muss sich dieser ungefähr in der Mitte befinden.

Wenn eine Gruppe glaubt, ihre Brücke sei der Anforderung gewachsen, holt sie den Lehrer für die Zeitmessung. Als Hilfsmittel ist auf jeder Brückenseite ein Buch erlaubt, damit die Brückenenden nicht wegrutschen. Wenn eine Gruppe die 70 Zentimeter geschafft hat, kann sie sich an 80 Zentimetern Spannweite versuchen.

Natürlich ist irgendwann für die jeweilige Konstruktion die Grenze des Materials erreicht. Wenn man über einen Meter kommen möchte, muss man vielleicht die Strategie ändern. Es ist ein gutes Beispiel für binnendifferenziertes Arbeiten: Jede Gruppe kann beliebig tief in das Thema Brückenbau einsteigen. Dem Denken und Experimentieren werden keine Grenzen gesetzt.

Regeln

Fremde Bauwerke dürfen nicht berührt werden. Allerdings darf – wie im wirklichen Leben – nach Ideen Ausschau gehalten werden. Ideenklau ist ausdrücklich erlaubt!

Der Lehrer kann eine Zeit vorgeben. Eine Dreiviertelstunde reine Arbeitszeit ist gut. Für Einführung und Aufräumen bleibt genügend Zeit, wenn eine Doppelstunde zur Verfügung steht. Etwas Zeit für einen abschließenden Rundgang erlaubt, die unterschiedlichen Konzepte und Ideen der einzelnen Gruppen zu würdigen.

Materialausgabe

Erst wenn alles geklärt ist (Aufgabe, Zeitdauer, Gruppeneinteilung, Regeln), folgt die Materialausgabe – deswegen steht sie hier auch am Ende. Es ist schwierig, weitere Informationen und Regeln nachzuschieben, sobald das Material ausgegeben ist. Die Ausgabe markiert den Zeitpunkt, an dem die Lehrerrolle vom Organisator zum Beobachter und Berater wechselt.

Ablauf: Die Gruppe bestimmt einen Schüler, der die Erbsen und Zahnstocher holt. So rennen nicht alle Schüler zur Ausgabestelle, Chaos wird vermieden, und jede Gruppe holt sich die Erbsen und Zahnstocher nur einmal ab. Leere Vesperdosen sind geeignete Behälter für den Transport.

Erweiterung: Vorteile der Gruppe nutzen

Eine Hilfestellung ist die auf S. 46 beschriebene Methode, die an das dialogische Lernen anlehnt. Hier könnte das Vorgehen so aussehen: Zuerst vereinbart die Gruppe eine bestimmte Zeitspanne (z. B. zehn Minuten), in der jeder unabhängig von den Mitschülern nach Ideen für eine stabile Konstruktion sucht. Danach trifft sich die Gruppe und reflektiert die einzelnen Ideen, um sich auf eine gemeinsame Lösung zu einigen.

Trinkwasserversorgung

Von einem Wasserturm (Kochtopf) sollen verschiedene Haushalte (Trinkbecher) über Druckwasserleitungen mit Leitungs- bzw. Trinkwasser versorgt werden. Viele Kinder sind überrascht, dass das Wasser in der Leitung auch ohne Pumpe stellenweise bergauf fließen kann. Das geht natürlich nur, solange der Wasserspiegel im Wasserturm insgesamt am höchsten liegt. Neben der technischen Seite geht es bei dieser Übung um teamorientiertes Arbeiten. Sie gelingt am besten in einer Doppelstunde (90 Minuten) – und bei Sonnenschein!

Die Herausforderung besteht darin, die Wasserleitung über eine möglichst weite Strecke wirklich dicht hinzubekommen. Ansonsten wird an den undichten Stellen Luft angesaugt, und die Wasserleitung ist keine Druckwasserleitung mehr. Eine brauchbare Verbindung kann auf folgende Weise hergestellt werden:

Etwa acht Zentimeter Kreppband werden mit der Schere abgeschnitten. Dann werden zwei Trinkhalme an der Kante des Kreppbandes möglichst ohne Lücke positioniert. Beim anschließenden Aufwickeln des Bandes darauf achten, dass es kompakt anliegt. Zum Schluss wird die Verbindung mit einem weiteren Streifen fixiert.

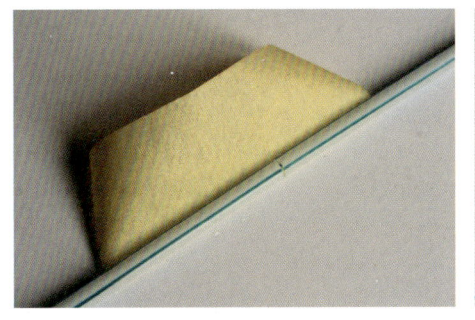

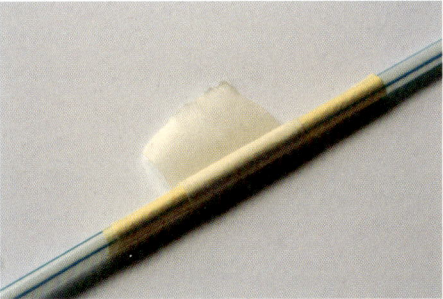

Material für eine Schulklasse
- 400 Trinkhalme mit Knick
- Scheren
- Kreppband (etwa 3 cm breit, eine Rolle pro Kleingruppe)
- großer Kochtopf, mit Wasser gefüllt

Falls eine Verbindung nicht gut ist, sollte diese komplett erneuert werden. Je mehr Klebeband zusätzlich angebracht wird, desto schlechter ist die Leckstelle auszumachen.

Überprüft wird die Dichtheit, indem an der einen Seite gesaugt und die andere mit einem Finger zugehalten wird. Im Fall einer undichten Verbindung hört man dort Luft nachströmen. Die Materialkontrolle benötigt das ganze Team: Einer saugt an, ein Zweiter verschließt das Ende, ein Dritter hört. Bei kürzerer Länge kann man vorerst zu zweit arbeiten.

Trinkwasserversorgung

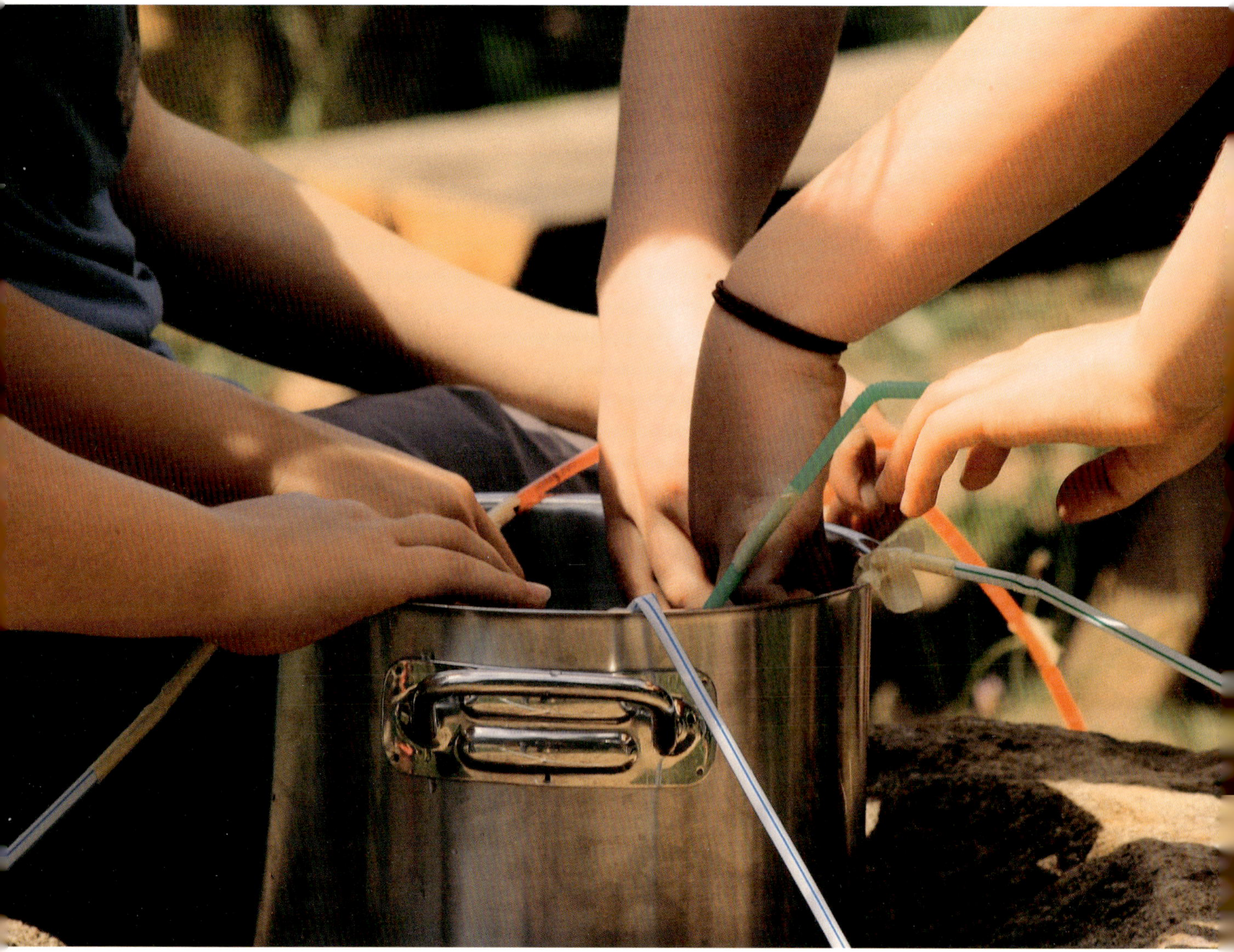

Schließlich wird die Druckwasserleitung getestet. Der Wasserturm steht auf einer erhöhten Stelle – z. B. auf einem Stuhl oder einem Tisch.

Das eine Ende wird eingetaucht, am anderen Ende wird das Wasser angesaugt.

Ist die Leitung dicht, kann das Wasser zwischendurch auch bergauf fließen. Das gelingt aber nur, wenn der Wasserturm höher als der zu beliefernde Haushalt liegt. Für die Schüler ist das nicht ohne Weiteres klar.

Meist werden die Druckwasserleitungen so gespannt, dass das Wasser immer bergab fließen kann. Dadurch werden diese unnötig einer Belastung ausgesetzt – es kommt schneller zu Lecks. Hier besteht also Aufklärungsbedarf.

Kettenreaktion

Wer hat es noch nicht versucht? Streichhölzer werden Kopf an Kopf aneinandergelegt. Zündet man das erste an, entsteht eine Kettenreaktion. Wahrscheinlich ist diese Übung schon allein deswegen toll, weil es um Feuer geht. Auf jeden Fall bringt es den Kindern Freude, gemeinsam eine Bahn zu bauen und diese dann in Flammen aufgehen zu lassen.

Bevor wir mit den Hölzern beginnen, stehen wir im Kreis und geben einen Klatscher weiter. Je schneller, desto besser. Fünf Sekunden sind für eine Klasse gut, vier Sekunden noch besser. Die Zeit ist ein dankbarer Gegner. Ihr macht es nichts aus, dass die Gruppe immer besser wird. Und für die Gruppe ist es selbstverständlich, die alte Zeit zu überbieten und noch höhere Leistungen zu erbringen.

Nach dem Klatscher spielen wir eine Runde Stille Post: Statt des lauten Klatschers wird ein Händedruck von einem Sender zum Empfänger weitergegeben. Wir fassen uns dazu an den Händen. Ein Freiwilliger steht in der Mitte und versucht, den »Impuls« zu finden. Auch dieses Spiel ist eine Kettenreaktion.

Wir können auch andere Dinge weitergeben. Eine »Ratterbahn« ist ein hübsches Beispiel: Viele Dominosteine werden in geringem Abstand aneinandergestellt. Ist alles aufgebaut, reißt der erste Stein alle anderen mit um.

Diese Kettenreaktion hat einen anderen Charakter als die Stille Post oder das Weitergeben eines Klatschers: Hier müssen wir nichts dazu tun, damit die Kettenreaktion in Gang gehalten wird. In diesem Sinne ist die Ratterbahn eine echte Kettenreaktion. Wir können die Sache energetisch betrachten: Ein stehender Stein hat eine höhere Energie als ein liegender. Von selbst fällt unser Stein allerdings nicht um. Wir benötigen eine kleine Aktivierungsenergie: Wir müssen ihn antippen.

Dasselbe Prinzip gilt für die Streichhölzer: Wir legen Zündkopf an Zündkopf – und obwohl in jedem Energie gespeichert ist, explodiert von selbst kein einziges. Wir benötigen zur Zündung eine minimale Aktivierungsenergie. Es reicht schon, wenn wir das Köpfchen an der Schachtel reiben. Bei unserer Kettenreaktion zündet jeweils der Nachbarzündkopf durch die Hitze.

Umsetzung im Unterricht

Material für jeden Schüler
- eine Zehnerpackung Streichholzschachteln
- ein Teller

Jedes Kind bringt eine Zehnerpackung Streichholzschachteln mit, und dann warten Sie auf trockenes und windstilles Wetter. Natürlich können auch Sie alle Streichhölzer besorgen, aber dann ist es nicht so spannend. Wenn die Kinder die Hölzer organisieren, wird das Experiment zu *ihrem* Experiment. Es macht einen großen Unterschied, ob die Hölzer des Lehrers in Flammen aufgehen oder die eigenen.

Es gibt ein zweites Argument dafür, warum Sie nicht das Material besorgen sollen. Wenn die Kinder die Hölzer organisieren, beginnt der Versuch viel früher. Sie sprechen untereinander und mit ihren Eltern über die Kettenreaktion. Es ist also wirklich keine Faulheit, sondern didaktisches Geschick, wenn Sie die Hölzer nicht selbst beschaffen.

Zuerst wird eine fingerbreite Straße gelegt (Bild unten links). Anschließend werden die Zündköpfchen dicht an dicht auf die »Bordsteinkanten« gelegt (Bild unten rechts). Dadurch haben die Köpfchen etwas Abstand vom Boden und geben die Zündung schneller und besser an die Nachbarhölzer weiter. Die Planung mittels Bordsteinkanten hat außer der besseren Funktionstüchtigkeit der Kettenreaktion noch einen weiteren Grund: Sie ermöglicht Großprojekte.

Mögliche Aufgabenstellungen und Projekte

Zeitzünder

Die Klasse erhält die Aufgabe, eine Kettenreaktion aufzubauen, die exakt 100 Sekunden brennt. Am Ende der Zündschnur werden etwa zehn Hölzer von allen Seiten ganz dicht aneinandergelegt, sodass eine kleine Stichflamme (Explosion) das Ende der Kettenreaktion markiert.

Das ganze Experiment benötigt eine Doppelstunde. Eine Stunde wird zur Planung benötigt, die zweite für den Bau der Zündschnur.

Um ein solches Experiment durchzuführen, muss man zuerst forschen. Und geforscht wird im Team. Hier eigenen sich Gruppengrößen von vier Schülern. Jede Gruppe benötigt eine feuerfeste Unterlage (z. B. die Straße oder im Klassenzimmer ein Keramik- oder Porzellanteller). Am besten bringt jeder einen Teller mit, dann sind genügend da, auch wenn einer vergessen wird.

Spannend wird die Sache dadurch, dass jede Gruppe nur eine Schachtel Streichhölzer bekommt. Es ist eine Modellierungsaufgabe: Man baut mit wenigen Hölzern nur eine kleine Bahn auf und berechnet (modelliert) mit den im Experiment gewonnenen Daten die Länge der 100-Sekunden-Zündschnur.

Unabhängig davon, ob draußen oder drinnen geforscht wird: Gezündet wird nur, wenn der Lehrer das Okay dazu gibt. Kein Streichholz wird einfach so gezündet! Wenn diese Regel nicht klar ist, findet das Experiment nicht statt.

Die einzelnen Gruppen schreiben ihre Vermutungen über die Länge der Bahn an die Tafel. Danach findet die Vorbereitung für das eigentliche Experiment statt, indem jede Gruppe ihre eigene Bahn aufbaut. Der Aufbau findet bei windstillem und trockenem Wetter statt. Es sollte keine Brise gehen, denn sonst verweht es den Kindern ihre Bauwerke, was für die Erbauer sehr frustrierend ist. Wenn die einzelnen Bauwerke einige Meter Abstand zueinander haben, kommen sich die Gruppen nicht in die Quere – und können im Kreis der Zündung der anderen zuschauen.

Alternativ können die Kleingruppen über eine Zündschnur von fünf Minuten Dauer (300 Sekunden) forschen. Wenn die Schätzungen der einzelnen Gruppen an der Tafel stehen, soll sich die Klasse auf eine Länge einigen, die dann gemeinsam umgesetzt wird. Beim Bau kann an verschiedenen Stellen gleichzeitig begonnen werden. Bei dieser Alternative gibt es nur eine einzige Zündung, das erhöht die Spannung.

Hier ist zuerst eine Zündschnur von 100 Sekunden vorgeschlagen, weil sich so die relative Genauigkeit des Experiments bezogen auf die Schätzung sehr einfach angeben lässt. Dauert das Abbrennen zum Beispiel 102 Sekunden, haben wir uns um genau 2 Prozent verschätzt.

Der Bau lässt sich so organisieren, dass alle Gruppen an ihrer Bahn arbeiten können, bis die letzte Gruppe fertig ist. Die Schnellsten können eine Abzweigung bauen, die sich in eine Spirale verwandelt. Die Abzweigung kann sich auch nochmals verzweigen. Es sind viele Spielereien möglich.

Das Abbrennen selbst sieht beeindruckend aus. Schon eine kurze Strecke imponiert:
Es ist nicht etwa so, dass einfach eine Zündschnur abfackelt. Vielmehr beginnt sich das ganze Skelett eigenständig zu bewegen. Man hat fast den Eindruck, dass es lebt.

Schnelle Bahn – langsame Bahn
Mithilfe des Materials aus zehn Streichholzschachteln soll eine Kettenreaktion von genau einem Meter gebaut werden. Dabei soll sich das Feuer so schnell wie möglich ausbreiten.

Als Erstes soll erforscht werden, bei welchem Abstand der Zündköpfe das Lauffeuer am schnellsten ist. Ist es besser, wenn die Hölzchen direkt aneinanderliegen, oder geht es mit einem Abstand schneller? Wie weit lassen sich die Zündköpfe voneinander platzieren? Im Bild oben sieht man eine sehr schnelle Möglichkeit: die Doppelreihe.

Nach einer zuvor vereinbarten Zeit präsentieren die Kinder gegenseitig ihre Forschungsergebnisse.

Ein Lauffeuer um die Schule

Der Gedanke ist zu verlockend: Wie wäre es, wenn man die Schule durch ein Lauffeuer ins Rampenlicht setzt? Die beiden beschriebenen Übungen sind eine gute Grundlage zur Umsetzung. Es ist ein Großprojekt, das viele Fragen aufwirft: Wie lange bauen wir an einer solchen Bahn? Wie viele Hölzer brauchen wir? Gibt es Probleme? Wie können wir eine Treppe überwinden? Welche Bauweise lässt sich einfach bewerkstelligen und funktioniert auch sicher? Wir sollten uns vor dem Publikum (den Eltern) nicht mit mehreren Zündungen blamieren. Am besten binden wir die Eltern ein, indem wir sie bitten, jeweils mit einem Eimer Wasser in Bereitschaft zu stehen. Oder wir laden die Feuerwehr gleich mit ein zu diesem Spektakel. Sicherheit geht vor.

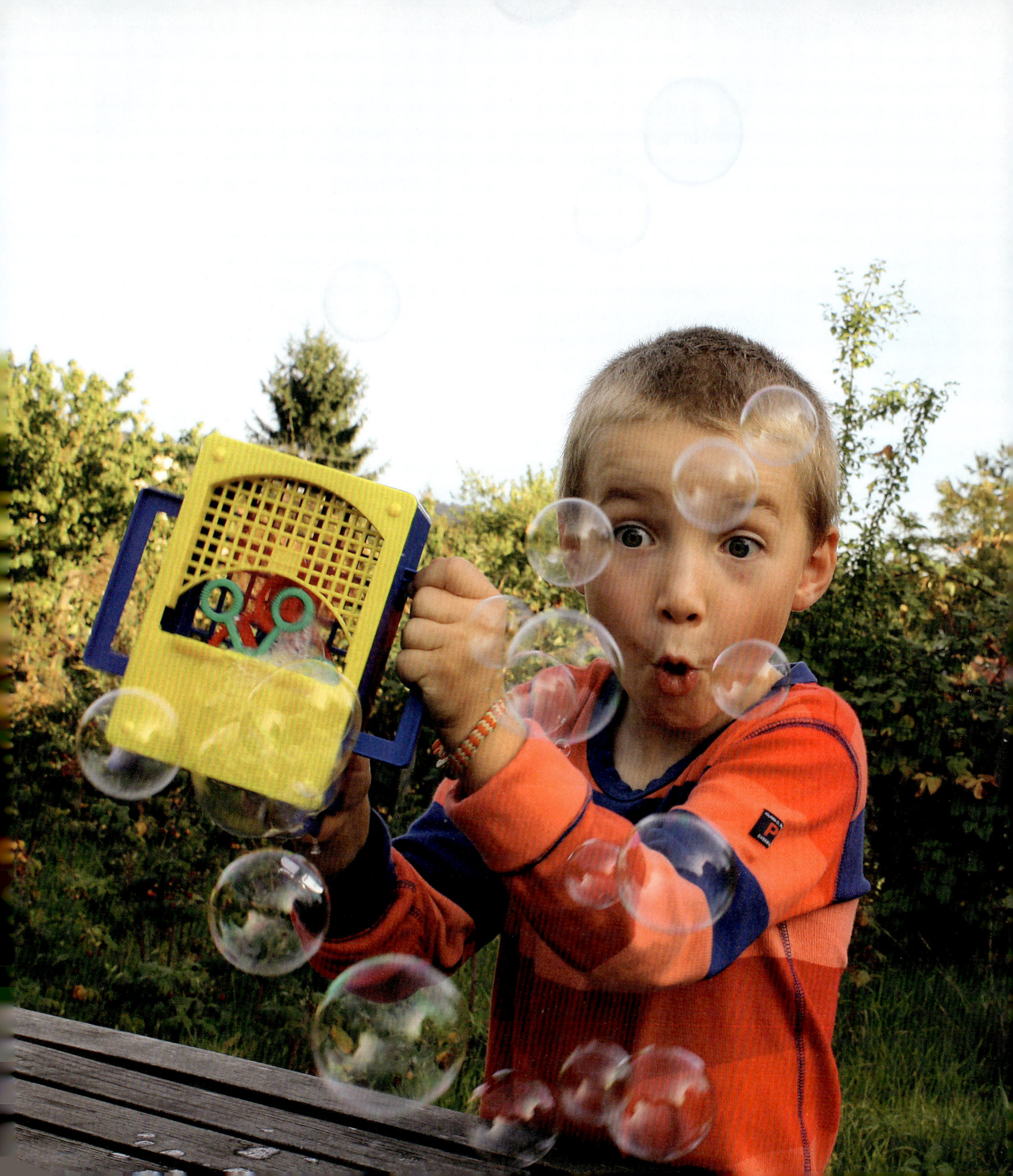

Literatur

Beutelspacher, Albrecht: »In Mathe war ich immer schlecht…«. Vieweg: Braunschweig und Wiesbaden 1996.
Beutelspacher, Albrecht: Moderne Verfahren der Kryptographie. Vieweg: Braunschweig und Wiesbaden 2001.
Brook, Peter: Der leere Raum. Alexander Verlag: Berlin, 8. Auflage 2004.
Dörner, Dietrich: Die Logik des Misslingens. Rowohlt: Reinbek bei Hamburg, 13. Auflage 2000.
Elschenbroich, Donata: Weltwissen der Siebenjährigen. Kunstmann: München, 17. Auflage 2003.
Enzensberger, Hans/Berner, Rotraut Susanne: Der Zahlenteufel. dtv: München 1999.
Gallin, Peter/Ruf, Urs: Ich–du–wir. Sprache und Mathematik 4.–5. und 5.–6. Schuljahr. ILZ: Zürich 1999.
Gilsdorf, Rüdiger/Kistner, Günter: Kooperative Abenteuerspiele, Bd. 1 und 2: Friedrich: Seelze, 1995 (Bd. 1) und 2001 (Bd. 2).
Grell, Jochen: Techniken des Lehrerverhaltens. Beltz: Weinheim und Basel, 2. Auflage 2005.
Herrmann, Ulrich: Neurodidaktik. Beltz: Weinheim und Basel, 2. Auflage 2009.
Klippert, Heinz: Kommunikationstraining; Beltz Verlag, Weinheim und Basel, 12. Auflage 2010.
Klippert, Heinz: Teamentwicklung im Klassenraum. Beltz: Weinheim und Basel, 9. Auflage 2010.
Kramer, Martin: Schule ist Theater. Schneider-Hohengehren: Esslingen 2008.
Kramer, Martin: Lernzirkel in der Box – Mathe aktiv erfassen. AOL: Lichtenau 2007.
Kramer, Martin: Mathe-Dominos. AOL: Lichtenau 2006.
Schley, Wilfried: Teamkooperation und Teamentwicklung in der Schule. In: Altrichter, Herbert/Schley, Wilfried/Schratz, Michael (Hrsg.): Handbuch zur Schulentwicklung. Studien Verlag: Innsbruck und Wien 1998, S. 13–53.
Singh, Simon: Geheime Botschaften. Hanser: München und Wien 2000.
Singh, Simon: Fermats letzter Satz. Hanser: München und Wien 1998.
Schulz von Thun, Friedemann: Miteinander reden, Bd. 3. Rowohlt: Reinbek bei Hamburg, Sonderausgabe 2005.
Watzlawick, Paul: Wie wirklich ist die Wirklichkeit? Piper: München, 23. Auflage 1997.
Wellhöfer, Peter R.: Gruppendynamik und soziales Lernen. Lucius & Lucius: Stuttgart, 2. Auflage 2001.

Mit allen Sinnen Forscher sein

Martin Kramer
Mit Erbsen und Zahnstochern zur Mathematik
Ein Denk-, Staun- und Experimentierbuch für die Grundschule

1. Auflage 2012. 120 Seiten. Gebunden
ISBN 978-3-407-62758-2

Mathematik anders unterrichten

Der Ansatz von Martin Kramer funktioniert nicht nur im naturwissenschaftlichen Unterricht der Grundschule: Auch Mathematik lässt sich handlungsorientiert unterrichten: mit viel Raum für eigenes Forschen und Experimentieren der Schüler. Sie lernen, Strukturen zu verstehen – und begreifen so den Stoff viel besser.
Für einen Mathe-Unterricht, der mehr ist als nur Rechnen!

Aus dem Inhalt:

- Schatzsuche oder Gerichtete Größen
- Das 1 × 1 in der Fläche
- Unendliches bleibt endlich, auch die Pizza
- Vollkommene Symmetrie: Platonische Körper

Beltz Verlag · Postfach 100154 · 69441 Weinheim · www.beltz.de

Ner Kra